U0566435

世界汉语教学学会审订

韩国人学汉语
常见语法错误释疑

杨德峰 姚 骏 著

商务印书馆
The Commercial Press

2016年·北京

图书在版编目(CIP)数据

韩国人学汉语常见语法错误释疑/杨德峰，姚骏著．—北京：
商务印书馆，2016
ISBN 978-7-100-12456-0

Ⅰ．①韩… Ⅱ．①杨… ②姚… Ⅲ．①汉语—语法—对外
汉语教学—教学参考资料 Ⅳ．① H195.4

中国版本图书馆 CIP 数据核字 (2016) 第 184150 号

韩国人学汉语常见语法错误释疑

杨德峰 姚 骏 著

商 务 印 书 馆 出 版
（北京王府井大街 36 号 邮政编码 100710）
商 务 印 书 馆 发 行
北京市艺辉印刷有限公司印刷
ISBN 978-7-100-12456-0

2016 年 9 月第 1 版 开本 880×1230 1/32
2016 年 9 月北京第 1 次印刷 印张 10 1/8

定价：32.00 元

目　　录

前　言

随着中国改革开放的深入和经济的快速发展，全球已经出现了汉语学习的热潮，尤其是我们的近邻韩国。近些年韩国学习汉语的人数急剧增加，到中国来学习汉语的韩国学生早已超过了日本，韩国成为世界上到中国来学习汉语的人数最多的国家。虽然韩国也属于汉字文化圈，汉语和韩国语在词汇方面有很多相通之处，但是由于汉语和韩国语属于不同的语系，因此这两种语言在语法方面存在着很大的差别。这些差别在韩国学生学习汉语中既有积极作用，也有消极影响。韩国学生常常用韩国语的语法来套用汉语，导致使用汉语时经常出现一些错误。

目前，研究韩国学生学习汉语时出现的错误的成果很多，涉及的面也非常广，既有语音、词汇、汉字方面的，也有语法方面的，毫无疑问，这些成果在对韩国学生进行汉语教学以及编写面向韩国学生的汉语教材时都起着积极的作用。但是，毋庸讳言，现有的研究还远远不够，主要表现在以下五个方面：一是不平衡。目前的研究虽然涉及语音、词汇、汉字、语法等多方面，但语法方面的研究最多；而且研究语法时，对一些词语、特殊句式关注较多，对篇章等方面关注得还很不够。二是不系统。现有的语法研究多是单篇论文，每篇论文关注的只是汉语语法的某一个点或某一种现象，对韩国学生学习汉语语法时出现的问题缺乏系统的研究和分析，因此"只见树木，不见森林"。三是描写分析较多，解释很不够。已有的语法研究，多限于对韩国学生出现的语法错误进行描写，归纳出错误类型，但是缺乏对错误背后的动因的分析，特别是缺乏语际之间的对比分析，因此，很难发现问题的症结所在，难以从根本上认识到出现错误的原因。这导致韩国学生往往知其然，不知其所以然，很难避免重复犯某种错误。四是对韩国学生易混淆的汉语语法点缺乏清楚的辨析或说明，这导致韩国学生在使用的时候往往搞不清楚它们的异同，时常出现混用的情况。五是语料规模不够大，得出的结论不够可靠。现有的研究虽然都有一定的语料的支撑，但是由于研究者掌握的语料有限，而且语料的内部往往不同质，因此得出的结论有些不够全面，影响了结论的可靠性。这些情况说明，韩国学生学习汉语方面的错误分析研究还大有可为。

为了对韩国学生学习汉语语法出现的错误有比较系统的认识，我们在现有研究的基础上，立足于北京大学对外汉语教育学院开发的《韩国学生汉语中介语语料库》，对韩国学生学习汉语语法出现的错误分别从词语、句法成分、句子和篇章四个方面进行梳理和总结，对一些有代表性的错误进行详细描写和分析，在此基础上，着重挖掘出现这些错误的动因。希望通过我们的分析，能帮助韩国学生了解出现这些语法错误的原因，从而加深认识，更好地掌握汉语语法，提高汉语水平。

尽管编写者精通韩国语，也熟悉韩国学生学习汉语的情况，但是由于学生出现语法错误是一个复杂的心理过程，因此我们对一些错误原因的分析也带有内省性。虽然如此，但我们坚信，这种分析对韩国学生学习语法是有帮助的，对编写面向韩国学生的汉语教材、对面向韩国学生的汉语教学以及对从事对外汉语教学的教师也具有参考价值。

本书编写过程中，得到了商务印书馆世界汉语教学研究中心袁舫主任的大力支持，审稿专家提出了很多宝贵的意见和建议，责任编辑刘婷婷老师做了大量细致的审校工作，杨德峰老师的博士生宋璟瑶、葛锴桢、王森以及姚骏老师的硕士生参与了语料收集和整理工作，在此一并表示诚挚的谢忱！

语法术语

否定 부정
否定副词 부정부사
辅助动词 보조동사
负迁移 부정적 전이
负向 부방향
复合趋向补语 복합 방향보어
复数 복수
副词 부사

G 概数 어림수
感叹句 감탄문
固定短语 고정구문
关联副词 관련부사
光杆动词 단일동사
过去时 과거 시제
过去式 과거식

H 后时性 후시성
话题链 화제련

J 积极 적극
及物动词 타동사
给予 부여
假设 가정
假设句 가정구
假设让步 가정 양보

假设条件句 가정 조건구
间接宾语 간접목적어
兼语句 겸문구
简单趋向补语 간단한 방향보어
结构 구조
结果补语 결과보어
介宾短语 개사—목적어 구조
介宾补语 개사—목적어 보어
介词 개사
近指 근지
句式 문장구조
句尾 어말
句型 문형
句子成分 문장성분

K 可能补语 가능보어
空间连接成分 공간 연결성분
口语 구어

L 类推泛化 유추확대화
离合词 이합사
连词 접속사
连动句 연동문
量词 양사
零形式 영형식
领属 종속

逻辑连接成分 로직 연결성분

M 名词 명사
目的语泛化 목적어 확대화

P 篇章 글 짜임새

Q 祈使句 명령문
情态补语 정태보어
取得 취득
趋向补语 방향보어

R 让步 양보
任指 임지
冗余 중복

S 省略 생략
时间副词 시간부사
时间连接成分 시간 연결성분
时量补语 시량보어
时量成分 시량성분
是非问句 판정 의문문
熟语 숙어
受事 동작의 대상
书面语 문어
数词 수사

数量补语 수량보어
数量成分 수량성분
数量短语 수량사구
数量结构 수량사 구조
双宾语 이중목적어
双音节 이음절

T 特指问句 특별 지칭 의문문
同时性 동시성

W 委婉 완곡
谓语 술어
谓语动词 술어동사
未知 미지

X 限定 한정
先时性 선시성
先行词 선행어
象声词 의성어
消极 소극적
小句 단문
心理动词 심리동사
信息量 정보량
形容词 형용사
形容词重叠式 형용사 중첩식
形容词短语 형용사 구문

第一章　词语学习中常见的错误

第一节　名词学习中常见的错误

一、误用韩国语的名词代替汉语的名词

（一）误用"时"代替"时候"

例句

误：

① *老王回到家的**时**，全身发抖得更厉害。

② *找对象的**时**一定要有眼光。

③ *我的同屋做作业的**时**，经常听音乐。

④ *他小的**时**，爸爸妈妈就离婚了。

正：

⑤ 老王回到家的**时候**，全身抖得更厉害了。

⑥ 找对象的**时候**一定要有眼光。

⑦ 我的同屋做作业的**时候**，经常听音乐。

⑧ 他小的**时候**，爸爸妈妈就离婚了。

分析

汉语"时"前的定语不能带"的"，"时候"前的定语必须带上"的"。例①—④中的"时"前的定语带了"的"，因此句子不成立，"时"应改为"时候"。

韩国学生之所以出现这种错误,其一应该是受韩国语的影响。汉语的"时"和"时候"在韩国语中不做区分,对应的都是"—(으)ㄹ 때",受此影响,韩国学生常常出现例①—④这样的错误。其二是汉语的"时"和"时候"意思相同、用法相近的缘故。"时"和"时候"的区别可参考链接1。

链接 1 ①

"时"和"时候"的区别:

1. 动词(短语)做"时候"的定语要带"的",做"时"的定语不能带"的"。

　　① 上课**的时候**不能吃东西。

　　② 考试**的时候**不许看书。

　　③ 上课**时**不能吃东西。

　　④ 考试**时**不许看书。

2. 形容词可以带"的"做"时候"的定语,但一般不做"时"的定语。

　　① 热**的时候**把毛衣脱掉。

　　② 这部手机现在太贵了,便宜**的时候**咱们再买吧。

　　③ *热**时**把毛衣脱掉。

　　④ *便宜**时**咱们再买吧。

3. "时候"可以与"当""在"组成介词短语做状语,"时"一般不能。

　　① 当大家都在家里休息**的时候**,他还在办公室里工作。

　　② **在**这种**时候**,最好不要出去。

　　③ *当大家都在家里休息**的时**,他还在办公室里工作。

---

　　① 参见杨德峰(1999)也说"时间"和"时候",《中国语研究》(日本)第41号。

④ *在这种**时**，最好不要出去.

4.“时候”可以用于书面语，也可以用于口语；“时”只能用于书面语。

（二）误用“内里”“内面”代替“里”“里面”

例句

误：

① *爱迪生不是班**内里**优秀的孩子。

② *图书馆**内里**有很多人在学习。

③ ***内面**有一个球，还有两个网球拍。

④ *你在**内面**，我在外面。

正：

⑤ 爱迪生不是班**里**优秀的孩子。

⑥ 图书馆**里**有很多人在学习。

⑦ **里面**有一个球，还有两个网球拍。

⑧ 你在**里面**，我在外面。

分析

汉语中没有“内里”“内面”之类的说法，因此例①—④都不成立。“内里”和“内面”应分别改为“里”和“里面”。

汉语的“里（面）”和“内”在韩国语中不做区分，对应形式都是“안”，如“건물 안”（建筑物里）、“한 시간 안”（一小时内）。受此影响，韩国学生常常混用“里”和“内”；甚至二者连用，造出个新词“内里”。

（三）误用“汤”“温汤”代替“热水”

例句

误：

① *他赶紧从游泳池里爬上来，马上泡在**汤**里。

② *洗澡池子里的**汤**有点儿脏了。

③ *他直到躺在**温汤**里才放心。

④ *昨天我洗澡的时候，**温汤**突然没有了。

正：

⑤ 他赶紧从游泳池里爬上来，马上泡在**热水**里。

⑥ 洗澡池子里的**热水**有点儿脏了。

⑦ 他直到躺在**热水**里才放心。

⑧ 昨天我洗澡的时候，**热水**突然没有了。

分析

汉语的"汤"虽然可以表示热水，但多出现在成语或文言文中，如"赴汤蹈火""见不善如探汤"。例①、例②都不是成语，却用了"汤"，因此句子不成立。汉语里也没有"温汤"这个词。例①、例②的"汤"，例③、例④的"温汤"都应改为"热水"。

韩国语中"热水"是"온탕"（温汤），受此影响，韩国学生经常用"汤"或"温汤"代替汉语的"热水"。

（四）误用"男子""男性"代替"男人"

例句

误：

① *有个**男子**一直看着我。

② *你不是**男子**吗？

③ *一个**男性**突然从水里出来注视着王老师。

④ *在一个晚会上，我朋友认识了那个**男性**。

正：

⑤ 有个**男人**一直看着我。

⑥ 你不是**男人**吗？

⑦ 一个**男人**突然从水里出来注视着王老师。

⑧ 在一个晚会上，我朋友认识了那个**男人**。

分析

汉语的"男子"虽然是指男性的人，但是多用于体育比赛，且一般不做宾语。例①、例②的"男子"都做了宾语，因此句子不成立。"男子"应改为"男人"。

"男性"是指性别，前面不能出现数量成分。例③的"男性"前加了"一个"，例④的"男性"前加了"那个"，因此句子不成立。"男性"应改为"男人"。

汉语的"男人"在韩国语中对应的是"남자"（男子）或者"남성"（男性），受此影响，韩国学生常用"男子""男性"代替"男人"。

链接 2

"男子""男性"和"男人"的区别：

1. "男子"是指男性的人，与"女子"相对；"男性"是指性别，与"女性"相对；"男人"是指男性成年人，与"女人"相对。例如：

① **男子**比女子力气大。

② **男性**现在好找工作，女性不好找。

③ 你已经二十岁了，是一个**男人**了，怎么动不动就哭呢？

2. "男子"多用于体育比赛方面。例如：

男子200米　　**男子**体操　　**男子**足球

3. "男性"用于书面语，"男人"用于口语。

（五）误用"女性"代替"女人"

例句

误：

① *这种**女性**怎么可能当首相呢？

② *我不喜欢那样的**女性**。

③ *日本人残忍的行为被当时做慰安妇的**女性**揭露了。

④ *朋友和一个中国**女性**结婚了。

正：

⑤ 这种**女人**怎么可能当首相呢?

⑥ 我不喜欢那样的**女人**。

⑦ 日本人残忍的行为被当时做慰安妇的**女人**揭露了。

⑧ 朋友和一个中国**女人**结婚了。

分析

汉语的"女性"是指性别,多用来修饰名词,一般不做中心语,比如"女性朋友""女性总统""女性社区"。例①—④的"女性"都做了中心语,因此句子不成立。"女性"应改为"女人"。

汉语的"女人"译为韩国语是"여성"（女性）,受此影响,韩国学生常用"女性"代替"女人"。

链接 3

"女性"和"女人"的区别:

1."女性"是指性别,与"男性"相对;"女人"是指成年女性,与"男人"相对。例如:

① 我们班的同学大部分是**女性**。

② 男人能做到的事情,**女人**也能够做到。

2."女性"用于书面语,可以做主语、宾语,也可以做定语。例如:

① **女性**也应有丰富多彩的生活。

② 绅士通常很尊重**女性**

③ 他有一些**女性**朋友。

3."女人"一般用于口语,可以做主语、宾语、定语等。例如:

① **女人**不但要工作,还要做家务,所以比男人辛苦。

② 善良的男人能够吸引**女人**。

③ 在家里洗衣服、做饭常常是**女人**的事。

二、误用"期间"代替"时候""时间"

例句

误：

① *冬天**期间**，人岂能在外边游泳？

② *吃饭**期间**，不要说话。

③ *可以长**期间**借给韩国。

④ *我在那里住了一年的**期间**。

正：

⑤ 冬天的**时候**，人岂能在外边游泳？

⑥ 吃饭的**时候**，不要说话。

⑦ 可以长**时间**借给韩国。

⑧ 我在那里住了一年的**时间**。

分析

"期间"不能受"冬天""吃饭"的限定，即汉语中不存在"冬天期间""吃饭期间"这种说法，因此例①、例②不成立。两句的"期间"应改为"时候"，前面还应加上"的"。"长""一年"不能做"期间"的定语，因此例③、例④不成立。"期间"应改为"时间"。

韩国学生出现这种错误，主要有两个原因：一是韩国语的影响。例⑤的"冬天的时候"对应的韩国语为"겨울 기간"，其中"时候"译为"기간"，"기간"是汉字词，对应汉字"期间"，表示一段时间，有无明确的起始点并不重要；例⑦的"长时间"对应的韩国语是"긴 기간"，其中"时间"也译为"기간"（期间）。受此影响，韩国学生很容易用"期间"代替"时候"和"时间"。二是汉语的影响。汉语的"期间"和"时候""时间"都可以表示一段时间，因此，韩国学生常常忽视了三者用法

上的区别，容易用"期间"代替"时候"和"时间"。

链接 4

"期间"和"时间""时候"的区别：[①]

1."期间"表示一段时间里面；"时间""时候"表示有起点和终点的一段时间，也可以表示时间里的某一点。例如：

① 战争**期间**实行灯火管制。

② 这次考试需要多长**时间**？

③ 你什么**时候**离开？

2."期间"强调某一段时间之内，不能单独做主语、宾语，前面要有名词性词语加以限定，例如：

　　春节**期间**　　大学**期间**　　实习**期间**

3."时候"一般不单独做主语、宾语，前面多有限定性成分。例如：

① 什么**时候**出发？

② 开车的**时候**不能使用手机。

4."时间"可以单独做主语、宾语等。例如：

① **时间**定下来了吗？

② 学好汉语需要**时间**。

5."期间"用于书面语；"时间""时候"可以用于书面语，也可以用于口语。

三、方位词"里"的误用

（一）误加方位词"里"

例句

误：

---

① 参见杨德峰（1999）也说"时间"和"时候"，《中国语研究》（日本）第41号。

① *在北京里有很多名胜古迹。

② *其中广州在南方里最大,是最有影响的一座城市。

③ *我们住在北京大学里。

④ *我永远忘不了在广州里的生活。

正:

⑤ 在北京有很多名胜古迹。

⑥ 其中广州在南方最大,是最有影响的一座城市。

⑦ 我们住在北京大学。

⑧ 我永远忘不了在广州的生活。

分析

汉语"在 + 地方"中的"地方"后面不能出现方位词"里"。例①—④的"北京""南方""北京大学""广州"都是地方,却带了"里",因此句子不成立。"里"都应该删去。

韩国语表示处所的助词①是"—에",可以直译成汉语的"在"或者"里",正因为如此,韩国学生常将二者杂糅在一起。

(二)误用"里"代替"上"

例句

误:

① *网里看不到脸,所以人们会说出自己的苦恼或者要解决的问题。

② *报纸里有很多广告。

③ *地球里有各种过着不同生活的人。

④ *广场里很多人跳舞。

---

① 汉语语法中区分介词、连词和助词,但韩国语中,并不如此区分,汉语中的这三种词类的功能,韩国语中一般都通过"助词"(조사)实现。也就是说,本文中涉及的韩国语助词与汉语的助词是完全不同的概念。

正：

⑤ 网上看不到脸，所以人们会说出自己的苦恼或者要解决的问题。

⑥ 报纸上有很多广告。

⑦ 地球上有各种过着不同生活的人。

⑧ 广场上很多人跳舞。

分析

"网""报纸""地球""广场"后面只能用"上"，不能用"里"。例①的"网"、例②的"报纸"、例③的"地球"、例④的"广场"后面都用了"里"，因此句子不成立，"里"都应改为"上"。

韩国学生出现这样的问题，有两方面的原因：一是汉语的影响。汉语的方位词"上"和"里"用法都很复杂，韩国学生有时搞不清楚哪些名词后面可以带"里"，哪些名词后面可以带"上"。二是母语的负迁移。"网上"的韩国语是"인터넷에"，"报纸上"的韩国语为"신문에"，"上"对应"—에"，但"—에"在韩国语中也有"里"的意思；"地球上"的韩国语为"지구상에"，可译成"地球上里"，可以看出，韩国语中还有"상"（上）和"—에"（里）连用的情况；"广场上"的韩国语为"광장에서"，其中，"上"对应的"—에서"在韩国语中也有"里"的意思，如"마음에서"（心里）。受此影响，韩国学生容易"上""里"不分，在"网""报纸""地球""广场"等后误加上"里"。

链接 5

方位词"里"和"上"的区别：[①]

1. 里

"里"，方位词，表示在一定界限之内，主要有以下用法：

（1）"名词 + 里"表示处所。例如：

---

① 参见吕叔湘（1999）《现代汉语八百词》（增订本），北京：商务印书馆。

　　① 书包里有几本书。

　　② 他手里拿着一支笔。

　　(2)"名词＋里"表示时间。例如：

　　① 夜里最好不要出去。

　　② 平时没有时间，很多事情要在假期里做。

　　(3)"名词＋里"表示范围，常见的名词有"话、教师、学生、成员"等。例如：

　　① 他话里有话，你没听出来吗？

　　② 汉语教师里也有不少外国人。

　　(4)"机构名词＋里"表示机构，也可以表示机构所在地。例如：

　　① 省里来人了。("省里"表示机构)

　　② 我去省里开会。("省里"表示机构所在地)

　　(5)"形容词＋里"表示方向、方面。例如：

　　① 她横里看，竖里瞧，挑了半天，最后又不要了。

　　② 凡事要往好里想。

　　2. 上

　　"上"，方位词，表示物体的表面，主要有以下用法：

　　(1)"名词＋上"表示顶部或表面。例如：

　　① 桌子上放着一些书。

　　② 山上有很多树。

　　(2)"名词＋上"表示范围，常见的名词有"报、世界、地球、月球、信、电视、网"等。例如：

　　① 报上说手机要降价了。

　　② 我们生活在同一个世界上，所以大家都应该爱护我们的地球。

　　③ 地球上的动物越来越少了。

　　(3)"名词＋上"表示方面，常与"在""从"搭配。例如：

① 我在生活上一点问题都没有，但在学习上有不少困难。

② 在这个问题上，我们的看法不一致。

③ 这件事没有从根本上得到解决。

(4)"年龄＋上"表示"……的时候"。例如：

① 他八岁上来过一次北京。

② 我父母三十五岁上才有了我。

四、误用"刚才"代替"刚"

例句

误：

① *她**刚才**打扫完房间，又乱了。

② *到底怎么回事呢？我看花眼了吗？不是**刚才**打扫完吗？

③ *老师**刚才**走。

④ *我**刚才**复习完汉字，听写没问题。

正：

⑤ 她**刚**打扫完房间，又乱了。

⑥ 到底怎么回事呢？我看花眼了吗？不是**刚**打扫完吗？

⑦ 老师**刚**走。

⑧ 我**刚**复习完汉字，听写没问题。

分析

"刚才"是名词，表示说话前不久的那个时间；"刚"是副词，表示行为或情况发生在不久前。例①—④不是突出说话前不久的那个时间，而是强调动作发生在不久前，因此不能用"刚才"，而应改为"刚"。

韩国学生出现这种错误，有两方面的原因：一是韩国语的影响。韩国语中"刚""刚才"都可对应"방금"（名词／副词），即韩国语中"刚"和"刚才"经常不分，因此韩国学生常用"刚才"代替"刚"。二

是汉语的影响。"刚"和"刚才"都可以表示动作、行为发生在不久前，意思相近，而且只有一字之差，因此韩国学生很容易混淆。

链接 6

"刚"和"刚才"的区别：

1. 刚

(1) 副词，表示行为或情况发生在不久前，做状语。例如：

　① 他们下课5分钟了，我们**刚**下课。

　② 我**刚**到学校，等会儿给你打电话。

　③ 饭**刚**做好，你就回来了，你回来得真是时候！

(2) 副词，表示两件事情紧接着，后一个分句常有"就"。例如：

　① 我们**刚**下车**就**开始下雨，真倒霉！

　② **刚**进入6月，天气**就**热起来了。

　③ 我**刚**洗完澡，**就**停水了。

2. 刚才

名词，指说话前不久的时间，可做主语、定语。例如：

　① **刚才**给你打电话，你不在家，你去哪儿了？

　② **刚才**家里来了一位客人，所以我迟到了。

　③ **刚才**的事你怎么就忘了呢？你的忘性也太大了！

五、误用"后来"代替"以后"

例句

误：

　① *你每天想象你的未来，与其**后来**后悔，不如现在努力学习。

　② *长时间坐在椅子上或者躺在床上的话，**后来**他们的腰、眼睛就会有问题。

　③ *我现在学习汉语，**后来**想找一个好工作。

　　④ *明天我们去吃烤鸭，**后来**去看电影。

正：

　　⑤ 你每天想象你的未来，与其**以后**后悔，不如现在努力学习。

　　⑥ 长时间坐在椅子上或者躺在床上的话，**以后**他们的腰、眼睛就
　　　　会有问题。

　　⑦ 我现在学习汉语，**以后**想找一个好工作。

　　⑧ 明天我们去吃烤鸭，**以后**去看电影。

分析

　　"后来"是指在过去某一时间以后的时间，例①—④表示的都是
将来某一时间以后的时间，但却用了"后来"，所以句子不成立。这些例
句中的"后来"都应改为"以后"。

　　韩国学生出现这种错误，主要是受汉语的影响。"后来"和"以
后"都表示某一时间以后的时间，但是"后来"只用于过去，"以后"
可以用于过去、现在和将来，韩国学生常常忽视二者的区别，该用"以
后"的时候却用了"后来"。

链接 7

"以后"和"后来"的区别：①

1. 以后

名词，表示比现在或某一时间晚的时间，可以用于过去、现在和
将来。

（1）"以后 + 动词短语 / 小句"。例如：

　　① **以后**有事来找我，别客气！

　　② **以后**你不要再来找她了，她跟你没关系了。

　　③ **以后**我一定好好学习，您放心吧。

------

　　① 参见吕叔湘（1999）《现代汉语八百词》（增订本），北京：商务印书馆。

（2）"名词＋以后"。例如：

① 改革开放**以后**,中国的农村发生了很大的变化。

② 十年**以后**,情况会完全不同。

③ 从那**以后**,他再也没跟我联系过。

（3）"动词／小句＋以后"。例如：

① 起床**以后**,赶快刷牙、吃饭。

② 明天早点走,下雪**以后**,路不好走。

③ 老师说完**以后**,我们就开始讨论。

（4）"很久／不久＋以后"。例如：

① 毕业很久**以后**,他才找到一个好工作。

② 不久**以后**,他们俩就结婚了。

2. 后来

名词,表示过去某一时间以后的时间,只能用于过去。一般是"后来+动词短语／小句"。例如：

① 毕业后我在北京工作了一年,**后来**去了上海。

② 三年前我们还见过一次面,**后来**再也没见过。

第二节　动词学习中常见的错误

一、误用韩国语的动词代替汉语的动词

（一）误用"理解"代替"了解"

例句

误：

① *这首诗能帮助我**理解**中国历史不好的一面。

② *孩子不**理解**爷爷以后的计划，觉得很奇怪。

③ *世界上所有的事都从**理解**自己开始。

④ *为了**理解**中国文化，我来了中国。

正：

⑤ 这首诗能帮助我**了解**中国历史不好的一面。

⑥ 孩子不**了解**爷爷以后的计划，觉得很奇怪。

⑦ 世界上所有的事都从**了解**自己开始。

⑧ 为了**了解**中国文化，我来了中国。

分析

汉语的"理解"表示懂，"了解"表示知道得很清楚，例①—④都表示知道得很清楚，但却用了"理解"，因此句子不成立。"理解"应改为"了解"。

韩国语中，"理解"和"了解"都是"이해하다"（理解하다），比如"加深理解"和"加深了解"韩国语都是"더 깊이 이해하다"。正因为这样，韩国学生很容易用"理解"代替"了解"。

链接 8

"理解"和"了解"的区别：

1. 理解

"理解"表示懂。例如：

① 你们没有**理解**我的意思。

② 这个问题很难，孩子**理解**不了。

2. 了解

（1）"了解"表示知道得很清楚。例如：

① 来中国以前，我对中国一点儿都不**了解**。

② 他是我朋友，我非常**了解**他。

（2）"了解"表示打听、调查。例如：

① 公司想在那个地方投资，你去**了解**一下那儿的情况。

② 校长到学生宿舍**了解**情况去了。

（二）误用"收到"代替"得到"

例句

误：

① *我们**收到**一个好结果。

② *它的种子**收到**营养后，就开始生长了。

③ *考试谁都希望**收到**好成绩。

④ *这次比赛，我们**收到**了冠军。

正：

⑤ 我们**得到**一个好结果。

⑥ 它的种子**得到**营养后，就开始生长了。

⑦ 考试谁都希望**得到**好成绩。

⑧ 这次比赛，我们**得到**了冠军。

分析

"收到"表示从某人那里得到某种东西，"得到"表示事物为自己所有或获得。例①—④都不表示从某人那里得到某种东西，却用了"收到"，因此句子不成立。"收到"应改为"得到"。

"收到"和"得到"韩国语都可译为"받다"。"得到一个好结果"的韩国语为"좋은 결과를 받다"；"收到礼物"的韩国语为"선물을 받다"。正因为如此，所以韩国学生经常混淆"收到"和"得到"，误用"收到"代替"得到"。

链接 9

"收到"和"得到"的区别：

1. 收到

"收到"表示从某人那里得到某种东西，一般为具体的东西。

例如：

　① 我**收到**妈妈的信了，你呢？

　② 家里给我寄的圣诞礼物**收到**了。

　③ 刚才我**收到**一条老师的短信，说明天有听写。

2. 得到

"得到"表示事物为自己所有或获得，多是抽象事物。例如：

　① 我从来没有希望从你那里**得到**表扬。

　② 五年前我**得到**一次去中国学习汉语的机会，但是我放弃了。

（三）误用"访问"代替"参观"

例句

误：

　① *下星期，我去中国**访问**。

　② *我**访问**过清华大学。

　③ *爸爸下决心趁儿子放假，带着儿子**访问**农村。

　④ *当我们**访问**他上过的小学时，他很高兴。

正：

　⑤ 下星期，我去中国**参观**。

　⑥ 我**参观**过清华大学。

　⑦ 爸爸下决心趁儿子放假，带着儿子**参观**农村。

　⑧ 当我们**参观**他上过的小学时，他很高兴。

分析

"访问"表示有目的地去探望人并跟他谈话，例①—④虽然有探望的意思，但并不包含跟他人谈话的意思，但却用了"访问"，因此句子不成立，"访问"应改为"参观"。

韩国学生出现这种错误，是因为母语的负迁移。韩国语的汉字词"방문"（访问）有汉语"参观"的用法，如"해외 동포 귀국 방문"

（海外同胞回国参观）。韩国学生受汉字的影响，容易用"访问"代替
"参观"。

链接10

"访问"和"参观"的区别：

1. 访问

"访问"表示有目的地去探望人并跟他谈话，常常是因受到他人
或政府机构的邀请。例如：

① 应中国国家主席的邀请，美国总统明天来中国**访问**。

② 我校校长下周三去美国**访问**。

③ 两年前，我曾经**访问**过那个演员。

2. 参观

"参观"表示亲自去某一地方进行考察。例如：

① 两年前我就**参观**过故宫。

② 我们都去那儿**参观**过。

（四）误用"游行"代替"旅游"

例句

误：

① *季先生看了一个**游行**节目。

② *他准备**游行**物品。

③ *今年暑假我还没有**游行**计划。

④ *中国很大，值得**游行**的地方非常多。

正：

⑤ 季先生看了一个**旅游**节目。

⑥ 他准备**旅游**物品。

⑦ 今年暑假我还没有**旅游**计划。

⑧ 中国很大，值得**旅游**的地方非常多。

分析

"游行"可以表示到处漫游，行踪不定，但限于用在熟语"游行四方"中，且不能做定语。例①—④的"游行"都做定语，因此句子不成立。"游行"应改为"旅游"。

"旅游"的韩国语是"여행"，发音为"iou haeng"，与汉语"游行"的发音非常接近。受此影响，韩国学生易误用"游行"代替"旅游"。

链接11

"游行"和"旅游"的区别：①

1. 游行

(1) 表示到处漫游，行踪不定，但限于在极少的熟语中使用。例如：

① 这些年他**游行**四方，根本就没回过家。

(2) 表示为庆祝、纪念或示威而到街上结队而行。例如：

① 在中国，**游行**必须得到政府批准。

② 为庆祝国庆，长安街上将举行大型**游行**活动。

2. 旅游

表示旅行游览。例如：

① 我喜欢**旅游**。

② 我们家每年都来中国**旅游**。

③ 春天是**旅游**的最好时候。

（五）误用"吹风"代替"刮风"

例句

误：

---

① 参见中国社会科学院语言研究所词典编辑室（2012）《现代汉语词典》（第6版），北京：商务印书馆。

① *风不会**吹**得太大。

② ***吹**非常大的风的话，我们就不去了。

③ *冬天这儿**吹北风**。

④ *外边又**吹风**又下雨。

正：

⑤ 风不会**刮**得太大。

⑥ **刮**非常大的风的话，我们就不去了。

⑦ 冬天这儿**刮北风**。

⑧ 外边又**刮风**又下雨。

分析

汉语的"风"通常与动词"刮"搭配，说"刮风"。例①—④的"风"与"吹"搭配，句子不成立。"吹"应改为"刮"。

"刮风"韩国语为"바람이 불다"，直译成汉语就是"吹风"。正因为如此，韩国学生容易用"吹风"代替"刮风"。

二、误用"可以"代替"会"

例句

误：

① *从山上摔下来的话，他**可以**死。

② *在山路上开车的人**可以**不小心撞到我。

③ *如果小李不小心掉进水里，有谁**可以**救小李呢？

④ *现在没有公共汽车，不**可以**回来了。

正：

⑤ 从山上摔下来的话，他**会**死。

⑥ 在山路上开车的人**会**不小心撞到我。

⑦ 如果小李不小心掉进水里，有谁**会**救小李呢？

⑧ 现在没有公共汽车，不**会**回来了。

分析

"会"可表示未来的可能性，"可以"没有这个意思。例①—④表示的都是推测，是一种可能性，但却用了"可以"，所以句子不成立。"可以"应改为"会"。

韩国语表示将来可能发生时使用的是"—(으)ㄹ 수 있다"，可译为汉语的"可以""会""能"。正因为如此，韩国学生容易将这三者混淆（参见本节三、四），经常用"可以"代替"会"。

链接12

"可以"和"会"的区别：

1."可以"表示主观上或客观上具有某种能力，但"会"表示学习后具有某种能力。例如：

　　① 他**可以**一夜不睡觉。

　　② 来中国以前，我不**会**说汉语。

2."可以"表示准许，用于疑问句和肯定句。例如：

　　① A：我能进来吗？

　　　 B：**可以**。

　　② 现在大家**可以**去吃饭了。

3."会"表示善于做某事，侧重做得好。例如：

　　① 哥哥真**会**说，妈妈听了哥哥的话气立刻就消了。

　　② 她**会**吃、**会**穿、**会**玩儿。

4."会"表示有可能。例如：

　　① 天气预报说明天还**会**下雪。

　　② 别等了，他不**会**来了。

三、误用 "会" 代替 "能"

例句

误:

① *他有自信心,认为自己一定**会**写出好歌曲,也一定会成功。

② *我复习好了,我**会**考90分。

③ *通过网络不管什么样的知识都**会**查到、学到。

④ *我觉得这首诗**会**表现我们留学生的心情。

正:

⑤ 他有自信心,认为自己一定**能**写出好歌曲,也一定会成功。

⑥ 我复习好了,我**能**考90分。

⑦ 通过网络不管什么样的知识都**能**查到、学到。

⑧ 我觉得这首诗**能**表现我们留学生的心情。

分析

"能"表示具有某种能力;"会"也表示有能力,但是这种能力是学习以后获得的。例①、例②都表示有能力,但这种能力不是学习以后获得的,却用了"会",因此句子不成立。"会"应改为"能"。

"能"还可以表示具备某种客观条件,"会"则不能。例③、例④都表示具备某种客观条件,但却用了"会",因此句子不成立。"会"应改为"能"。

韩国语中"会"和"能"都用"—(으)ㄹ 수 있다"来表示,也就是说韩国语中"会""能"不分,所以韩国学生"会"和"能"经常难以分辨,常用"会"代替"能"。

链接13

"会"和"能"的区别: ①

---

① 参见吕叔湘(1999)《现代汉语八百词》(增订本),北京: 商务印书馆。

1. 会 (参见链接12)

2. 能

(1) 表示具有某种能力。例如:

　① 我**能**学好汉语。

　② 他**能**喝一瓶啤酒。

(2) 表示具备某种客观条件。例如:

　① 这些活下午五点以前**能**干完。

　② 这个房间**能**住三个人。

(3) 表示准许,用于疑问句和否定句。例如:

　① A: 我**能**出去一下吗?

　　 B: 不**能**。

　② A: 明天我有事,**能**请假吗?

　　 B: 不**能**。

(4) 表示善于做某事,侧重量很大。例如:

　① 哥哥真**能**喝,已经喝了十瓶啤酒。

　② 你真**能**睡,十一点了还不起床。

(5) 表示具备某种用途。例如:

　① 芹菜的叶子**能**吃。

　② 橘子皮**能**做菜。

四、误用 "能" 代替 "会"

例句

误:

　① *我没学过羽毛球,我不**能**打羽毛球。

　② *去年刚到的时候一句汉语也不**能**说,但现在可以说简单的汉语了。

③ *我有两年在公司工作的经验，还**能**讲英语，所以我去应聘。

④ *他学了一年汉语，但是**不能**写汉字。

正：

⑤ 我没学过羽毛球，我**不会**打羽毛球。

⑥ 去年刚到的时候一句汉语也**不会**说，但现在可以说简单的汉语了。

⑦ 我有两年在公司工作的经验，还**会**讲英语，所以我去应聘。

⑧ 他学了一年汉语，但是**不会**写汉字。

分析

"能"表示有能力；"会"也表示有能力，但是这种能力是学习以后获得的。例①—④都表示有能力，而且这种能力是学习以后获得的，但却用了"能"，因此句子不成立。"能"应改为"会"。

韩国语中"会"和"能"都用"一（으）ㄹ 수 있다"来表示，即韩国语中"会""能"不分，所以韩国学生"会"和"能"经常分辨不清楚，常用"能"代替"会"。

五、误用"以为"代替"认为"

例句

误：

① *古时候，在日本一个村子里住着一个傻老头，为什么大家都**以为**他是傻子呢？

② *他**以为**花郎道是新罗的。

③ *老师**以为**这次我写的不错。

④ *我们班的同学都**以为**她很漂亮。

正：

⑤ 古时候，在日本一个村子里住着一个傻老头，为什么大家都**认为**

他是傻子呢?

⑥ 他**认**为花郎道是新罗的。

⑦ 老师**认**为这次我写的不错。

⑧ 我们班的同学都**认**为她很漂亮。

分析

"以为""认为"都表示提出某种看法或做出某种判断,但"以为"提出的看法或做出的判断都是错误的。例①的"傻老头"并非错误的看法或判断,但却用了"以为",因此句子不成立,"以为"应改为"认为"。例②的"花郎道"创立于新罗时代,是正确的结论,句中却用了"以为",所以不成立,"以为"应改为"认为"。例③的"我写的不错"是老师的看法,并不是错误判断,句中却用了"以为",所以不成立,"以为"应改为"认为"。例④的"她很漂亮"是"我们班的同学"的看法,并不是错误判断,句中却用了"以为",所以不成立,"以为"应改为"认为"。

"以为"和"认为"的韩国语都是"생각하다",如"人们都以为他是傻瓜"和"人们都认为他是傻瓜"的韩国语都是"사람들은 그는 바보라고 생각한다"。"老师以为这次我写的不错"和"老师认为这次我写的不错"的韩国语都是"선생님은 이번에는 내가 잘 쓴다고 생각한다"。受此影响,韩国学生常用"以为"代替"认为"。

六、误用"感觉"代替"觉得"

例句

误:

① *我们**感觉**屋里摆设很雅致。

② *他**感觉**没有自信,没有力气。

③ *中国是我实现梦想的国家,所以我**感觉**特别有趣。

④ *开始学汉语, 大家都**感觉**汉语难。

正:

⑤ 我们**觉得**屋里摆设很雅致。

⑥ 他**觉得**没有自信, 没有力气。

⑦ 中国是我实现梦想的国家, 所以我**觉得**特别有趣。

⑧ 开始学汉语, 大家都**觉得**汉语难。

分析

"觉得"可以表示提出某种看法或做出某种判断, "感觉"则表示身体的感受, 例①—④都表示看法或判断, 而非身体的感受, 却用了"感觉", 因此句子不成立。"感觉"应改为"觉得"。

韩国语中, 表达看法和身体感受都用"느끼다"。汉语中表达看法的"觉得没有自信""觉得特别有趣"译成韩国语分别是"자신감이 없다고 느끼다""특히 재미있다고 느끼다"; 汉语中表达身体感受的"感觉痛"译成韩国语是"통증을 느끼다"。正因为如此, 韩国学生容易混淆"感觉"和"觉得", 经常用"感觉"代替"觉得"。

链接14

"感觉"和"觉得"的区别:

1. "感觉""觉得"都可以表示身体的感受。例如:

① A: 今天感觉怎么样?

　　B: **感觉 / 觉得**好多了。

② 游完泳以后, 我**感觉 / 觉得**有点儿累。

2. "觉得"表示提出某种看法或做出某种判断, "感觉"不行。例如:

① 我**觉得**你这么做不太好。

② 在做决定以前, 我**觉得**最好和父母商量一下。

3. "感觉"和"觉得"都可以是动词; 但"感觉"也可以是名词。

例如:

① 吃辣椒以后, 你的舌头有什么**感觉**?

② 我的脚都站麻了, 没有**感觉**了。

七、助动词"不得"位置错误

例句

误:

① *这件事**不得**怨他。

② *那个人**不得**小看。

③ *那儿很危险, **不得**去。

④ *这个东西有毒, **不得**吃。

正:

⑤ 这件事怨**不得**他。

⑥ 那个人小看**不得**。

⑦ 那儿很危险, 去**不得**。

⑧ 这个东西有毒, 吃**不得**。

分析

助动词"不得"在命令句中表示禁止时, 谓语一般为四字格式。例①—④都不是命令句, 且谓语都不是四字格式, 但却用了"不得", 因此句子不成立。"不得"应放在"怨""小看""去"和"吃"的后面, 表示不应该。

汉语中有"不得 + 动词"和"动词 + 不得"两种结构, 前者表示禁止, 后者表示不应该, 意思相近。受汉语的影响, 韩国学生有时误将表示不应该的"不得"放在动词前。

八、离合词重叠式错误

例句

误：

① *爸爸和儿子在公园**散步散步**。

② *我每天都去外边**跑步跑步**。

③ *周末我经常去**游泳游泳**。

④ *我喜欢**跳舞跳舞**。

正：

⑤ 爸爸和儿子在公园**散散步**。

⑥ 我每天都去外边**跑跑步**。

⑦ 周末我经常去**游游泳**。

⑧ 我喜欢**跳跳舞**。

分析

汉语离合词的重叠式是AAB式，即离合词的第一个语素重叠。"散步""跑步""游泳""跳舞"都是离合词，但例①—④重叠式却误用了ABAB式，因此句子不成立。"散步散步"应改为"散散步"，"跑步跑步"应改为"跑跑步"，"游泳游泳"应改为"游游泳"，"跳舞跳舞"应改为"跳跳舞"。

汉语双音节动词的重叠式一般是ABAB式，如"学习学习""休息休息"。受此影响，韩国学生误以为离合词的重叠式也是ABAB式。

链接15

离合词：

汉语有很多离合词，像"见面、睡觉、洗澡、毕业、生气、聊天、游泳、滑冰、结婚、离婚、担心、道歉、招手、发火"等，它们可以作为一个词使用。例如：

① 我们什么时候**见面**?

② 孩子想**睡觉**。

③ 咱们去**游泳**吧。

有时候，前后成分之间也可以插入"了""过""着"，以及数量补语、数量定语等。例如：

① 我们老师非常好，从来没有**发**过**火**。

② 他**结**过一次**婚**，你不知道吗?

③ 她生气了，你给她**道**个**歉**吧。

注意

离合词后面不能出现动态助词"过""着"，也不能出现数量成分和宾语。例如：

误：

① *他离婚过。

② *孩子们正在滑冰着。

③ *昨天晚上我睡了觉**五个小时**。

④ *我想见面**李老师**。

正：

⑤ 他离过婚。

⑥ 孩子们正在滑着冰。

⑦ 昨天晚上我睡了**五个小时**觉。

⑧ 我想跟**李老师**见面。

第三节　形容词学习中常见的错误

一、"大"的误用

例句

误：

① *我在外面都能听到刘明的**大**哭声。

② *你别**大**声音说话。

③ *太阳很**大**的一个夏天，我们去了长城。

正：

④ 我在外面都能听到刘明**很大**的哭声。

⑤ 你别**大**声说话。

⑥ 太阳很**毒**的一个夏天，我们去了长城。

分析

汉语的"大"可以直接修饰名词，如"大声、大太阳、大夏天、大热天"，但不能说"大哭声""大声音"。例①的"大"应改为"很大"，后面还要加上"的"，而"刘明"后的"的"要删去。例②的"大声音"应改为"大声"。汉语的"大"可以和"太阳"搭配，组成"大太阳"之类的说法，表示天气很热，但不能说"太阳很大"，例③的"大"应改为"毒"。

韩国语中"大"是"크다"，它的搭配范围比汉语的"大"要广，可以直接修饰"声音"等，如"큰 소리"（大的声音）。正因为如此，韩国学生容易出现例①、例②这样的错误。而且，韩国语经常用"해가 크다"来表示天气很热，直译成汉语就是"太阳大"，受此影响，韩国学生容

易出现例③这样的错误。

二、"坏"的误用

例句

误:

①　*坏酒也可以让人感到幸福。

②　*这件事带来了坏影响。

③　*这么坏成绩怎么能考上大学呢?

④　*这是一个坏想法。

正:

⑤　不好的酒也可以让人感到幸福。

⑥　这件事带来了不好 / 很坏的影响。

⑦　这么不好的成绩怎么能考上大学呢?

⑧　这是一个不好的想法。

分析

"坏"表示品质恶劣的或起破坏作用的。"酒"从品质的角度来讲,只有"好"和"不好"的分别,但例①却用了"坏",因此句子不成立,"坏"应改为"不好",后面还应加上助词"的"。例②的"影响"虽然有"好"和"坏"的分别,但是由于"影响"是双音节,"坏"是单音节,音节不和谐,所以例②不成立,"坏"应改为"不好",后面还应加上"的",或"坏"前加上"很","很坏"后加上"的"。"坏"不能做"成绩""想法"的定语,例③、例④的"坏"都应改为"不好",且后面还要加上"的"。

韩国语的"坏"是"나쁘다",而"不好"是"좋지 않다"。在韩国学生看来"나쁘다"(坏)可以添加词尾变成"나쁜"(坏的)后修饰名词;而"좋지 않다"(不好)习惯上主要充当谓语,做定语的"不好的"

多用"나쁜"（坏的）或"불량"（不良）代替。受此影响，韩国学生不习惯用"不好"来修饰名词，而喜欢用其近义词"坏"来修饰名词。

链接16

"坏"和"不好"的区别：①

1. 坏

（1）表示品质恶劣的或起破坏作用的。例如：

　　① 他是个**坏**人，你少跟他来往。

　　② 父母应该教育孩子不能做**坏**事。

（2）表示变成不健全、无用、有害的。例如：

　　① 我的自行车**坏**了，要去修一下。

　　② 他的手机**坏**了，所以没给你打电话。

　　③ 这个水果**坏**了，扔了吧。

2. 不好

表示优点少，不能使人满意。做定语时要带"的"。例如：

　　① 不去上课，也不告诉老师，这么做**不好**吧？

　　② 这件事产生了一些**不好**的影响，你打算怎么办？

三、"平安"的误用

例句

误：

　　① *我觉得路上不**平安**，所以我不去。

　　② *这里多么**平安**啊。

　　③ *他只想坐在沙发里，**平安**地看还没看完的节目。

---

① 参见中国社会科学院语言研究所词典编辑室（2012）《现代汉语词典》（第6版），北京：商务印书馆。

④ *考试的时候很紧张，现在**平安**了。

正：

⑤ 我觉得路上不**安全**，所以我不去。

⑥ 这里多么**平静**啊。

⑦ 他只想坐在沙发里，**平静**地看还没看完的节目。

⑧ 考试的时候很紧张，现在**平静**了。

分析

汉语的"平安"意思为"没有事故、没有危险"，一般做谓语、状语，不做定语，多用于祝词。例①的"平安"做定语，所以句子不成立。"平安"应改为"安全"。"平安"虽然可以做谓语，但具有一定的熟语性，如"一路平安""旅途平安"等，例②不是熟语，却用了"平安"，因此句子不成立，"平安"应改为"平静"。"平安"做状语有严格的限制，多与动词"到达""抵达"等搭配，例③的动词为"看"，状语却用了"平安"，句子不成立，"平安"应改为"平静"。"紧张"的反义词是"平静"，不是"平安"，例④的"平安"应改为"平静"。

韩国语中，"평안"（平安）是汉字词，意思为"平安、安全、安宁、安康、安好"等。受母语负迁移影响，韩国学生常误用"平安"代替"安全""平静"。

链接17

"平安"和"安全""平静"的区别： [①]

1. 平安

表示没有事故、没有危险。

(1) 可做谓语，多用于祝词。例如：

---

① 参见中国社会科学院语言研究所词典编辑室（2012）《现代汉语词典》（第6版），北京：商务印书馆。

① 祝你一路**平安**!

② 祝你全家**平安**!

(2) 也可做状语。例如:

① 妈妈, 我已**平安**到达北京, 您放心吧!

2. 安全

表示没有危险、不受威胁、没有事故。可做谓语、定语、状语等。
例如:

① 这儿很**安全**。

② 大人应该给孩子创造一个**安全**的环境。

③ 我们已经**安全**到达, 放心吧。

3. 平静

表示心情或环境没有不安或动荡, 可做谓语、定语、状语等。例如:

① 这次比赛虽然没赢, 但我的心情很**平静**。

② 不少名人都希望过上**平静**的生活。

③ 你再**平静**地想一想, 别着急做决定。

四、误用"小"代替"少"

例句

误:

① *如果穿得**小**的话, 会感冒。

② *你吃饭的时候, 吃**小**了。

③ *爸爸这几天到处奔波, 所以休息时间较**小**。

④ *在韩国说汉语的机会很**小**。

正:

⑤ 如果穿得**少**的话, 会感冒。

⑥ 你吃饭的时候, 吃**少**了。

⑦ 爸爸这几天到处奔波，所以休息时间较**少**。

⑧ 在韩国说汉语的机会很**少**。

分析

"小"表示尺寸不大，"少"表示数量不多，例①—④都表示数量不多，但用了"小"，因此句子不成立，"小"都应改为"少"。

韩国语中，如果"小"和"少"表示"稍小"或者"稍少"的意思时，使用的都是"조금"，也就是说表示量少时，"小"和"少"不分。受母语影响，韩国学生往往用"小"代替"少"。

五、形容词误用为动词

例句

误：

① *衣服被雨**湿**了。

② *裤子被风**干**了。

③ *雨把我的书包**湿**了。

④ *风把我的衣服**干**了。

正：

⑤ 衣服被雨**淋湿**了。

⑥ 裤子被风**吹干**了。

⑦ 雨把我的书包**淋湿**了。

⑧ 风把我的衣服**吹干**了。

分析

汉语的"被"字句的谓语动词不能是形容词，必须是及物动词，"湿""干"都是形容词，不能用于"被"字句。所以，例①、例③的"湿"，例②、例④的"干"前面应分别加上动词"淋"和"吹"。

韩国学生出现这种错误，是因为母语的影响。以例⑤、例⑧为例。

例⑤ "衣服被雨淋湿了" 的韩国语为 "옷이 비에 젖었다", 直译成汉语为 "衣服因雨湿了"; 例⑧ "风把我的衣服吹干了" 的韩国语为 "내옷이 바람에 말랐다", 直译成汉语是 "我的衣服因风干了"。受母语影响, 韩国学生容易误将形容词用作 "被" 字句的谓语动词。

第四节　代词学习中常见的错误

一、误用 "多么" 代替 "怎么"

例句

误:

① *不论**多么**哭也都没有用了。

② *不论**多么**学习提高也不多。

③ *不管**多么**复习, 也记不住。

④ *无论老师**多么**讲, 我都不明白。

正:

⑤ 不论**怎么**哭也都没有用了。

⑥ 不论**怎么**学习提高也不多。

⑦ 不管**怎么**复习, 也记不住。

⑧ 无论老师**怎么**讲, 我都不明白。

分析

程度副词 "多么" 只能用来修饰形容词或心理动词, 例①—④的 "多么" 都修饰动词, 但不是心理动词, 因此句子不成立, "多么" 应改为疑问代词 "怎么"。

韩国学生出现这种错误, 既有韩国语的影响, 也有汉语的影响。汉

语的"多么"可以用在心理动词前面表示任何一种程度，正因为如此，韩国学生常常把它用在其他动词前面。另外，韩国语中，"不管多么……"和"不论怎么……"的翻译均为"아무리 + VP + 도 +一지 않다"，也就是说"多么"和"怎么"在韩国语中是不分的。正因为如此，韩国学生常常用"多么"代替"怎么"。

链接18

"多么"和"怎么"的区别: [①]

1. 多么

(1) 用在形容词和心理动词前，常常组成"不管 / 无论……多么……""多么……多么……"这样的句式。例如：

 ① 不管**多么**冷，他都不穿羽绒服。

 ② 无论**多么**困难，我们都要坚持下去。

 ③ 学习的时候有**多么**大的劲就要用**多么**大的劲，不能偷懒。

(2) 表示程度高，多用于感叹句。例如：

 ① 今天的天气**多么**好哇！

 ② 你的汉语**多么**棒啊！

 ③ 妈妈**多么**爱我们呀！

2. 怎么

(1) "怎么 + 动词"，用于询问方式。例如：

 ① 去颐和园**怎么**走？

 ② 这道题**怎么**做？

(2) "怎么 + 形容词 / 动词"，用于询问原因。例如：

 ① 橘子**怎么**这么酸？

 ② 今天你**怎么**又迟到了？

---

① 参见吕叔湘（1999）《现代汉语八百词》（增订本），北京: 商务印书馆。

（3）"怎么＋（一）＋量词＋名词"，用于询问性状。例如：

① 你的同屋是**怎么**一个人？

② 大家今天都迟到了，这是**怎么**（一）回事？

（4）表示任指，前面经常用"不管""不论""无论"等，后面常用"也""都"与之配合。例如：

① 这几个汉字**怎么**记都记不住。

② 学习汉语不管**怎么**困难，我也要坚持下去。

③ 我不喜欢空调吹出来的冷风，不论**怎么**热，我都不开空调。

（5）前后两个"怎么"可以配合起来使用。例如：

① 老师让**怎么**做，我们就**怎么**做。

② 这事该**怎么**处理就**怎么**处理。

（6）"不＋怎么＋形容词/动词"表示形容词或动词所表示的性质程度不高，语气比较委婉。例如：

① 我的汉字不**怎么**好。

② 弟弟不**怎么**喜欢汉语。

二、误用"哪儿"代替"那儿"

例句

误：

① *哪儿**很美。

② *我住在**哪儿**。

③ *那儿风景很美，因此，他决定去**哪儿**。

④ *我看见他们的东西放在**哪儿**了。

正：

⑤ **那儿**很美。

⑥ 我住在**那儿**。

⑦ 那儿风景很美, 因此, 他决定去**那儿**。

⑧ 我看见他们的东西放在**那儿**了。

分析

汉语的"哪儿"是疑问代词, 一般用于疑问句中, 例①—④都是陈述句, 但用了"哪儿", 因此句子不成立, "哪儿"应改为"那儿"。

韩国学生出现这种错误, 一是受到了汉字字形的影响。"那儿"和"哪儿"字形和发音相近, 因此在例①、例②这样的陈述句中, "那儿"误写成"哪儿"。二是受到了韩国语的影响。韩国语的"어디"既可以是疑问代词"哪儿", 也可以是指示代词"那儿", 如: 韩国语的"나는 그들의 것이 어디 놓았는지 봤다", 既可译为"我看见他们的东西放在哪儿了", 也可译为"我看见他们的东西放在那儿了"。正因为如此, 韩国学生有时用"哪儿"代替"那儿"。

三、"那么"的误用

(一) 误用"那么"代替"这么"

例句

误:

① *大鬼一边拿出礼物一边温柔地说: "小宝贝过来, 别**那么**怕我。"

② *你的宿舍离学校**那么**近, 为什么迟到?

③ *这个菜**那么**好吃, 我们多吃一点儿。

④ *韩国没有中国**那么**热。

正:

⑤ 大鬼一边拿出礼物一边温柔地说: "小宝贝过来, 别**这么**怕我。"

⑥ 你的宿舍离学校**这么**近, 为什么迟到?

⑦ 这个菜**这么**好吃, 我们多吃一点儿。

⑧ 韩国没有中国**这么**热。

分析

指示代词"这么"是近指,用来指称离说话人近的情况;"那么"是远指,用来指称离说话人远的情况。例①—③的说话人和听话人都在现场,"怕""近""好吃"前面却用了"那么",因此句子不成立,"那么"应改为"这么"。例④的说话人虽是韩国人,却在中国,但用了"那么","那么"也应改为"这么"。

韩国语中通常用"그렇게"(那么)表示程度,而"이렇게"(这么)使用得较少。受此影响,韩国学生容易用"那么"来代替"这么"。

(二)误用"那么"代替"那"

例句

误:

① *我刚知道,你不会游泳,是吧! **那么**你在那儿看我游泳。

② *怎么办? 没有办法。**那么**孩子们在哪儿啊?

③ *买不到票,**那么**我就不去旅游。

④ *今天听写,我忘了复习,**那么**怎么办?

正:

⑤ 我刚知道,你不会游泳,是吧! **那**你在那儿看我游泳。

⑥ 怎么办? 没有办法。**那**孩子们在哪儿啊?

⑦ 买不到票,**那**我就不去旅游。

⑧ 今天听写,我忘了复习,**那**怎么办?

分析

"那么"是连词,承接上文,引出表结果或结论的小句,用于书面语。"那"是代词,引出表结果或结论的小句,用于口语。例①—④都是口语,但却用了"那么",因此句子不成立。"那么"应改为"那"。

韩国语中，"那么"和"那"都是"그러면"，没有书面语和口语之分。受母语影响，韩国学生经常用"那么"代替"那"。

四、"哪儿"的误用

例句

误：

① *我不会说汉语，而且不知道**哪儿**的地方怎么走。

② *我对妈妈说："那我们去**哪儿**市场？"

③ ***哪儿**超市最便宜？

④ *我们去**哪儿**饭馆吃饭？

正：

⑤ 我不会说汉语，而且不知道**那个**地方怎么走。

⑥ 我对妈妈说："那我们去**哪个**市场？"

⑦ **哪个**超市最便宜？

⑧ 我们去**哪个**饭馆吃饭？

分析

疑问代词"哪儿"可以做主语、宾语、定语，但是做定语时，被修饰的成分不能是处所名词。例①—④的"地方""市场""超市""饭馆"都是表示地方的处所名词，但前面都有"哪儿"，因此句子不成立。例①的"哪儿的地方"应改为"那个地方"，例②、例③、例④的"哪儿"都应改为"哪个"。

"哪儿"韩国语是"어디"，经常单独使用，但有时后面也会出现处所名词。如例⑥"我们去哪个市场？"韩国语可以说"우리는 어디 시장에 갈까요？"。受母语影响，韩国学生经常用"哪儿"修饰处所名词。

五、疑问代词位置错误

例句

误:

① *我到底可以**谁**责备?

② *你**什么**想吃,就吃什么。

③ *我们想**哪儿**去玩儿。

④ *你**多少**记住了?

正:

⑤ 我到底可以责备**谁**?

⑥ 你想吃**什么**,就吃什么。

⑦ 我们想去**哪儿**玩儿。

⑧ 你记住了**多少**?

分析

例①的疑问代词"谁"应该做"责备"的宾语,却放在了主语的位置,因此句子不成立,"谁"应放在"责备"后。例②的"什么"应该做"吃"的宾语,却放在了"吃"的前面,因此句子不成立,"什么"应放在"吃"后。例③的"哪儿"是动词"去"的宾语,却放在了"去"的前面,所以句子不成立,"哪儿"应放在"去"后。例④的"多少"是"记住"的宾语,却放在了"记住"的前面,因而句子不成立,"多少"应放在"记住"后。

韩国语是SOV型语言,宾语放在动词前。正因为如此,韩国学生常常会忽视语序差异,把疑问代词宾语放在谓语动词前。

六、"这样"位置错误

例句

误:

① *这样父子拉着手走到了稻田旁。

② *这样小王的爸爸认真地跟小王说话时,有一只老鼠突然过来了。

③ *这样我们慢慢走,会迟到的。

④ *这样你跟老师说,不礼貌。

正:

⑤ 父子这样拉着手走到了稻田旁。

⑥ 小王的爸爸这样认真地跟小王说话时,有一只老鼠突然过来了。

⑦ 我们这样慢慢走,会迟到的。

⑧ 你这样跟老师说,不礼貌。

分析

　　"这样"做状语时要放在动词前,但例①—④的"这样"却出现在主语的前面,因此句子不成立。"这样"应放在谓语"拉着手走到了稻田旁""认真地跟小王说话""慢慢走""跟老师说"前面。

　　韩国语中,"这样"是"이렇게",位置很灵活,可以用在动词前做状语,也可以放在句首。例⑤"父子这样拉着手走到了稻田旁"的韩国语是"이렇게 아버지와 아들이 손잡고 볏논 옆에 갔다",例⑥"小王的爸爸这样认真地跟小王说话"的韩国语为"이렇게 왕군의 아버지는 진지하게 왕군과 말했다","이렇게"(这样)均放在了句首。受母语影响,韩国学生经常把"这样"放在主语的前面。

七、指示代词的漏用

例句

误:

① *他把小孩子暴打一顿。

② *我把一本书还了。

③ *我也想去山。

④ *下星期我们骑车到湖。

正:

⑤ 他把**那个**小孩子暴打一顿。

⑥ 我把**那**一本书还了。

⑦ 我也想去**那座**山。

⑧ 下星期我们骑车到**那个**湖。

分析

"把"字句中宾语应该是定指的,例①、例②的"小孩子""一本书"前没有指示代词,因此句子不成立,"小孩子""一本书"前应加上"那个"和"那"。例③、例④的宾语"山""湖"指代不明确,因此句子不成立,"山""湖"前应加上"那座"和"那个"。

韩国学生出现这样的错误,是因为母语的负迁移。例⑤"他把那个小孩子暴打一顿"韩国语可译为"그는 아이를 죽도록 때렸다","아이"(小孩子)前可以不加指示代词;例⑦"我也想去那座山"韩国语译为"나도 산에 가고 싶다","산"(山)前边可不加指示代词。受此影响,韩国学生常常漏用指示代词。

第五节　数词、量词学习中常见的错误

一、误用韩国语的量词代替汉语的量词

例句

误：

① *忽然他看到了一**株**高大的杨柳。

② *小孩指着一**棵**植物问："爸爸这是什么？"

③ *来中国以后看过几**篇**李白的诗。

④ *他看到门口有一**头**马。

正：

⑤ 忽然他看到了一**棵**高大的杨柳。

⑥ 小孩指着一**种**植物问："爸爸这是什么？"

⑦ 来中国以后看过几**首**李白的诗。

⑧ 他看到门口有一**匹**马。

分析

汉语"树木"的量词为"棵"，例①却用了"株"，句子不成立，"株"应改为"棵"。汉语"植物"是集合名词，量词为"种"，例②却用了"棵"，句子不成立，"棵"应改为"种"。汉语"诗"的量词为"首"，而例③却用了"篇"，句子不成立，"篇"应改为"首"。汉语"马"的量词为"匹"，例④却用了"头"，句子不成立，"头"应改为"匹"。

韩国语植物常用的量词是"그루"，对应汉语的"株"和"棵"的用法，且可修饰集合名词"식물"（植物）；韩国语文学作品的量词是"편"（篇）和"장"（章）；韩国语动物不论种类，都可用量词"마리"（头）。正因为如此，韩国学生才出现了这样的错误。

链接19

表1　常用韩汉量词对照及搭配表

韩国语		汉语	
量词	搭配举例	量词	搭配举例
가지	식물（植物）、사상（思想）、선물（礼物）、일（事）、매화（梅花）	种	植物、颜色、动物、思想、人、杂志
개	상자（箱子）、사과（苹果）、조건（条件）、녹두（绿豆）、컴퓨터（电脑）、단추（纽扣）	个	苹果、人、理想、东西、座位、条件
그루	식물（植物）、나무（树）、소나무（松树）	棵	树、白菜、草
		株	苗、松树、水稻
그릇	국수（面）、물（水）、밥（饭）	碗	面、水、饭
권	책（书）、화집（画册）、잡지（杂志）、휴지（手纸）	本	书、账
		册	书、画册、杂志
대	기계（机器）、비행기（飞机）、자동차（汽车）、자전거（自行车）	架	机器、飞机、机枪
		辆	汽车、自行车
척	배（船）、군함（军舰）	只、艘	船、军舰
마리（动物通용）	개（狗）、닭（鸡）、물고기（鱼）、비둘기（鸽子）、돼지（猪）、양（羊）、소（牛）、호랑이（老虎）、개미（蚂蚁）	头	猪、羊、牛、大象
분	손님（客人）、내빈（来宾）	位	客人、来宾
병	약（药）、물（水）、술（酒）	瓶	药、水、酒
알	옥수수（玉米）、진주（珍珠）、조（谷子）、녹두（绿豆）、약（药）	粒	玉米、珍珠、谷子
자루	칼（刀）、가위（剪刀）、우산（雨伞）、부채（扇子）、필（笔）、총（枪）	把	刀、剪刀、雨伞、茶壶、钥匙、米
장	종이（纸）、신문（报纸）、책상（桌子）	张	纸、报纸、桌子
줄	진주（珍珠）、폭죽（鞭炮）、글자（字）、눈물（眼泪）	串	珍珠、鞭炮
		行	字、眼泪
채	건축（建筑）、건물（房子）、이불（被）	栋	建筑、房子

续表

韩国语		汉语	
量词	搭配举例	量词	搭配举例
컬레	양말(袜子)、신발(鞋)、장갑(手套)	双	袜子、鞋、手套、筷子
폭	그림(画)、소묘(素描)、대련(对联)	幅	画、素描、对联

二、误用"二"代替"两"

例句

误：

① *我收到了二个。

② *其中二个人一样。

③ *服药二粒。

④ *昨天晚上我二点才睡觉。

正：

⑤ 我收到了两个。

⑥ 其中两个人一样。

⑦ 服药两粒。

⑧ 昨天晚上我两点才睡觉。

分析

"二"不能用在量词"个"前面。例①、例②的"个"前面都用了"二"，因此句子不成立，"二"应改为"两"。例③的"粒"是表示药品数量的量词，不是传统度量衡单位量词，"二"只能用在传统度量衡单位量词前，所以"粒"前不能使用"二"，"二"应改为"两"。例④的"点"前不能用"二"，只能用"两"，"二"应改为"两"。

韩国学生出现这种错误，有两个原因：一是韩国语的影响。韩国语中只有"二"，没有"两"。受此影响，韩国学生常用"二"代替"两"。二是汉语的影响。汉语的数词"二"和"两"意思相近，用法上也有一些共同之处。正因为如此，所以韩国学生常常把二者等同起来，该用"两"时却用了"二"。

链接20

"二"和"两"的区别：

1. 分数、小数、序数中用"二"。例如：

$\frac{1}{2}$（二分之一）　　$5\frac{1}{2}$（五又二分之一）

3.2（三点二）　　9.12（九点一二）　　102.22（一百零二点二二）

第二　　　　　　老二　　　　　　二楼

2. 号码中用"二"。例如：

512（五一二）　　822（八二二）

3. "两"可以用在所有量词前，"二"只能用在传统度量衡单位量词前。例如：

两条裤子　　　两张桌子　　　两块手表　　　两米布

两斤苹果　　　两里地

*二条裤子　　　*二张桌子　　　*二块手表　　　*二米布

二斤苹果　　　二里地

4. "十、百、千、万、亿"前有的用"二"，有的用"两"，大致情况如下：

表2　数字中的"二"和"两"

位数	开头位置	其他位置
十	二 （例：二十）	二 （例：六百二十五）
百	二、两 （例：二百、两百）	二 （例：八千二百九十）

续表

位数	开头位置	其他位置
千	两 (例: 两千)	二、两 (例: 五万二千三百、五万两千三百)
万	两 (例: 两万)	两 (例: 三亿零两万)
亿	两 (例: 两亿)	二 (例: 一百零二亿)

三、误用"左右"代替"前后"

例句

误:

① *睡觉**左右**孩子们还在房间里玩儿。

② *上星期五**左右**他们都回国了。

③ *那个时候是圣诞节**左右**, 所以气氛很好。

④ *春节**左右**, 我去旅游。

正:

⑤ 睡觉**前后**孩子们还在房间里玩儿。

⑥ 上星期五**前后**他们都回国了。

⑦ 那个时候是圣诞节**前后**, 所以气氛很好。

⑧ 春节**前后**, 我去旅游。

分析

"左右"一般用在"数词 + 量词"后面表示概数, 不能用在表示时间的名词或动词后面。例①—④的"睡觉""上星期五""圣诞节"和"春节"是表示时间的动词、名词, 后面用了"左右", 句子不成立, "左右"应改为"前后"。

韩国学生出现这样的错误，主要有两个原因：一是韩国语的影响。韩国语中，"左右""前后"是同一个语尾"—경"，也就是说韩国语中"左右"和"前后"不分。受此影响，韩国学生常常用"左右"代替"前后"。二是汉语的影响。汉语的"左右"和"前后"都可以表示某一时间的稍前到稍后的一段，而且用法也有相同之处，如可以说"十点左右"，也可以说"十点前后"。正因为如此，韩国学生常常混淆，该用"前后"的时候却用了"左右"。

链接21

"左右"和"前后"的区别：[①]

1."左右"多用在"数词 + 量词"后面，多用于表示年龄、时间、长度、重量等的概数。例如：

① 明天八点**左右**出发。

② 还需要两天**左右**，工作就能做完。

③ 这条鱼一斤**左右**。

2."前后"一般用在表示时间的名词后面。例如：

① 国庆**前后**我去上海。

② 新年**前后**我们结婚。

③ "十一"**前后**我们考试。

3.量词为"点""号"等时，"数词 + 量词"后面既可以用"左右"，也可以用"前后"。例如：

① 明天九点**左右 / 前后**出发，不用着急。

② 我二十号**左右 / 前后**回国。

---

① 参见杨德峰（2008）《日本人学汉语常见语法错误释疑》，北京：商务印书馆。

四、量词前"一"的漏用

例句

误:

① *这是最后的**行**。

② *那天是非常热的**天**。

③ *第十五课是非常难的**课**。

④ *今年是我最忙的**年**。

正:

⑤ 这是最后的**一行**。

⑥ 那天是非常热的**一天**。

⑦ 第十五课是非常难的**一课**。

⑧ 今年是我最忙的**一年**。

分析

汉语的量词不能单独充当句子成分,只有与数词组合为数量结构以后,才可以充当句子成分。例①的"行"、例②的"天"、例③的"课"、例④的"年"都未与数词组合,因此句子不成立。"行""天""课""年"前都应加上"一"。

"最后的一行"韩国语为"마지막의 줄",直译成汉语是"最后的行";"那天是非常热的一天"韩国语为"그날은 아주 뜨거운 날이다",直译成汉语为"那天是非常热的天";"非常难的一课"韩国语为"매우 어려운 과목",直译成汉语为"非常难的课";"最忙的一年"韩国语为"가장 바쁜 해",直译成汉语为"最忙的年"。可见,汉语中量词对应的韩国语有时是可独立使用的名词。受此影响,韩国学生常常出现量词前缺少数词"一"的错误。

五、量词的漏用

例句

误：

① *政府欠着一大债务。

② *我给他一大拥抱。

③ *早上我只喝了一牛奶。

④ *上个星期我们写了一作文。

正：

⑤ 政府欠着一大**笔**债务。

⑥ 我给他一**个**大拥抱。

⑦ 早上我只喝了一**袋 / 杯**牛奶。

⑧ 上个星期我们写了一**篇**作文。

分析

例①的"大"不是修饰名词"债务"的，而是修饰"债务"的量词的，但是"大"后却没有量词，因此句子不成立，"大"后应加上量词"笔"。双宾语的直接宾语一般应是"数词 + 量词 + 名词"，但例②的直接宾语是"数词+名词"，因此句子不成立，应在"一"后加上量词"个"。数词一般不能直接做名词的定语，例③、例④的"一"后应分别加上"袋 / 杯"和"篇"。

例⑤"政府欠着一大笔债务"韩国语为"정부는 큰 빚을 빚지고 있다"，直译成汉语是"政府欠着大的债务"；例⑥"我给他一个大拥抱"韩国语为"그에게 큰 포옹을 주었다"，直译成汉语是"给他大的拥抱"。正因为如此，韩国学生易出现漏用量词的错误。

六、"动词 + 了 + 名词"中名词前数量结构的漏用

例句

误：

① *老鼠想了好方法。

② *看了电视后，他去了山。

③ *同屋说了好主意。

④ *中午我在桌上睡了觉。

正：

⑤ 老鼠想了一个好方法。

⑥ 看了电视后，他去了一座山。

⑦ 同屋说了一个好主意。

⑧ 中午我在桌上睡了半小时觉。

分析

汉语的"动词 + 了 + 名词"，名词前一般要有数量结构，构成"动词 + 了 + 数量结构 + 名词"。没有数量结构时，除非后面还有其他小句出现，否则句子一般不成立。例①—④的"好办法""山""好主意""觉"前都没有数量结构，因此句子不成立。例①、例③的"好办法""好主意"前应加上"一个"，例②的"山"前应加上"一座"，例④的"觉"前可加上"半小时"。

韩国学生出现这种错误，是因为母语的负迁移。例⑤"老鼠想了一个好方法"韩国语是"마우스는 좋은 방법을 생각했다"，直译成汉语是"老鼠想了好方法"；例⑥"看了电视后，他去了一座山"韩国语是"TV를 본 후에 그는 산에 갔다"，直译成汉语是"看了电视后，他去了山"。受此影响，韩国学生经常出现"动词+了+名词"中名词前缺少数量结构的情况。

七、数量结构位置错误

例句

误：

① *啤酒**一瓶**请给我。

② *我汉语书**两本**有。

③ *牛奶**一袋**买了。

④ *饺子**一盘**吃了。

正：

⑤ 请给我**一瓶**啤酒。

⑥ 我有**两本**汉语书。

⑦ 买了**一袋**牛奶。

⑧ 吃了**一盘**饺子。

分析

汉语的数量结构应放在被修饰的名词前面。例①—④中的"一瓶""两本""一袋""一盘"都放在了名词的后面，因此句子不成立。应改为"一瓶啤酒""两本汉语书""一袋牛奶""一盘饺子"，而且"一瓶啤酒"应放在"给我"后，"两本汉语书"应放在"有"后，"一袋牛奶"和"一盘饺子"应分别放在"买了"和"吃了"后。

韩国语中数量结构通常放在名词的后面，如"一瓶啤酒"韩国语为"맥주 한 병"，直译成汉语是"啤酒一瓶"；"两本汉语书"韩国语为"한어책 두 권"，直译成汉语是"汉语书两本"。受此影响，韩国学生常把数量结构放在名词的后面。

八、"多"位置错误

例句

误:

① *他们杀了30万**多**军人和平民老百姓。

② *这本书五十块**多**钱。

③ *我哥哥今年二十岁**多**。

④ *我们坐了十小时**多**飞机,现在很累。

正:

⑤ 他们杀了30**多**万军人和平民老百姓。

⑥ 这本书五十**多**块钱。

⑦ 我哥哥今年二十**多**岁。

⑧ 我们坐了十**多**小时飞机,现在很累。

分析

数词为"十"的整数倍,且大于"十"时,"多"要放在位数前。例①的"多"放在了位数"万"后面,位置错误,应放在"万"前面。

数词为"十"的整数倍,且大于"十"时,"多"应放在量词前。例②—④的"多"放在了量词"块""岁""小时"的后面,位置不对,应放在它们前面。

汉语的"30多万"韩国语是"30만 이상",直译成汉语是"30万多";汉语的"五十多块"韩国语是"오십원 이상",直译成汉语为"五十块多"。受此影响,韩国学生常把"多"位置弄错。

链接22

表示概数的"多"的位置: ①

---

① 参见杨德峰(2009)《对外汉语教学核心语法》,北京:北京大学出版社。

1."数词＋量词＋多"（数词为"十"以下的数，包括"十"）。例如：

　　一斤多　　两年多　　九块多钱　　一个多月

2."数词＋多＋量词"（数词为"十"和"十"的整数倍的数）。例如：

　　十多年　　五十多斤　　二百多块　　两千多个

3."数词＋多＋位数（万、亿）＋量词"（数词为"十"和"十"的整数倍的数）。例如：

　　十多万斤　　三十多万年　　七十多亿人口

注意

　　数词为"十"，量词为度量衡单位时，"多"可以出现在量词前，也可以出现在量词后，例如：

　　① 这条鱼十多斤重。

　　　这条鱼十斤多重。

　　② 我们走了十多里路。

　　　我们走了十里多路。

　　但是意思不同：

　　十多斤≠十斤多

　　十多里≠十里多

"十多斤"表示超过十斤，但不到二十斤；"十斤多"表示超过十斤，但不到十一斤。"十多里"表示超过十里，但不到二十里；"十里多"表示超过十里，但不到十一里。

九、"余"位置错误

例句

误：

① *一般人年收入10万**余**元。

② *这个城市不大，只有20万**余**人。

③ *美国在韩国有10万**余**军人。

④ *他每天要走10万**余**步。

正：

⑤ 一般人年收入10**余**万元。

⑥ 这个城市不大，只有20**余**万人。

⑦ 美国在韩国有10**余**万军人。

⑧ 他每天要走10**余**万步。

分析

表示概数的"余"，当数词为"十"的整数倍、位数为"万"时，只能位于"万"的前面。例①—④的"余"都放在了位数"万"后，因此句子不成立。"余"应放在"万"前。

韩国学生出现这种错误，是受到了汉语的影响。汉语中有"50余人""6万余元"等说法，受此影响，韩国学生常把"余"的位置弄错。

链接23

"余"的用法：

1. 用在"百""千"的后面。例如：

① 他有二百**余**斤。

② 这个学校的留学生已达到三千**余**人。

2. 数词为"十"以及"十"的倍数，位数为"万""亿"时，"余"用在位数前。例如：

① 这种车在我们国家只卖十**余**万人民币。

② 我们国家每年向他们国家出口三十**余**亿立方米天然气。

十、动量词的误用

例句

误：

① *妈妈打扫完以后很累，休息了**一点儿**。

② *他下课以后，到操场跑了**一点儿**。

③ *孩子想睡**一下**。

④ *他在宿舍打了**一下**电话。

正：

⑤ 妈妈打扫完以后很累，休息了**一会儿**。

⑥ 他下课以后，到操场跑了**一会儿**。

⑦ 孩子想睡**一会儿**。

⑧ 他在宿舍打了**一会儿**电话。

分析

动词"休息"和"跑"只能带表示时间的数量补语，而"一点儿"表示的不是时间，因此例①、例②不成立，"一点儿"应改为"一会儿"。动词"睡"不能与时量成分"一下"搭配，所以例③不成立，"一下"应改为"一会儿"。"打电话"也不能与时量成分"一下"搭配，所以例④不成立，"一下"应改为"一会儿"。

韩国学生出现这种错误，既有韩国语的影响，也有汉语的影响。韩国语中没有动量词，动量词的语义通常由副词或者名量词来承担。"休息一会儿"韩国语是"좀 쉬세요"，直译成汉语是"休息一点儿"。汉语的"一下"可以表示时间量，如"等一下、看一下、说一下"，正因为

如此，韩国学生搞不清楚"一下"的搭配情况，就出现了例③、例④这样的错误。

链接24

表3　汉语常用动量词及搭配表①

动量词	使用情况	搭配的动词	搭配的名词
次	用于反复出现的行为、动作或反复出现的事情	去、来、学、玩、打、骂、说、做、吃、写、打印、照	饭、电影、会、约会、课
下	表示行为、动作进行的次数，用于短时间的行为、动作	说、看、听、介绍、等、找、洗、打、敲、骂、写、讲、复习、预习	
回	用于事情、行为、动作的次数	去、看、吃、骂、听、练、开、见	事
趟	表示走动的次数	去、来、跑	车
遍	用于一个行为、动作从开始到结束的整个过程	看、写、说、听、抄、问、唱、练、做	
场	用于文艺表演和体育活动等	看、听、打、哭	电影、球、比赛
阵	表示一段时间	下、刮、冷、热	雨、风、掌声
顿	用于吃饭、斥责、打骂等行为、动作	吃、打、骂	饭

第六节　副词学习中常见的错误

一、误用"没"代替"不"

例句

误：

---

① 参见杨德峰（2009）《对外汉语教学核心语法》，北京：北京大学出版社。

① *我一点儿也没孤独。

② *昨天我没高兴。

③ *以前我没认识他。

④ *还有我不小心，也没会运动。

正：

⑤ 我一点儿也不孤独。

⑥ 昨天我不高兴。

⑦ 以前我不认识他。

⑧ 还有我不小心，也不会运动。

分析

"没"用在形容词前，否定性质或状态的出现。例①、例②的"孤独""高兴"是形容词，但是不表示性质或状态的出现，不能用"没"否定，"没"应改为"不"。例③的"认识"是心理动词，不能用"没"否定，"没"应改为"不"。"没"虽然可以否定助动词"会"，但"没会"不能带宾语，例④的"没会"后还有宾语"运动"，因此句子不成立，"没"应改为"不"。

韩国语学生出现这种错误，主要有两个原因：一是汉语的影响。"没"可以否定形容词，也可以否定助动词，韩国学生常常忽视了使用条件，不该用"没"的时候却用了。二是韩国语的影响。韩国语中，"没+动词"对应的是"动词 + —지 않았다"（动词 +"不"的过去时）。而"不+动词"对应的是"动词 + —지 않다"（动词 +"不"）。只要是过去发生的动作或事情，韩国语中都要用过去时。例①—④都是过去发生的事情，韩国学生认为应用过去时，所以他们都误用了"没"。

链接25

"没"和"不"的区别: [1]

1."没"和"不"都可以否定动词,但"没"否定行为、动作发生。例如:

　　① 昨天她**没**来上课,不知道为什么。

　　② 老师说上个星期一考试,可是**没**考。

　　③ 妈妈以前**没**来过北京。

"不"否定的是判断、意愿、事实。例如:

　　① 他**不**是学生,是老师。

　　② 明天考试,我**不**想请假。

　　③ 他病了,今天**不**来上课。

2."没"只用于过去和现在。例如:

　　① 我**没**学过汉语,他学过。

　　② 他去过上海,我**没**去过。

　　③ 老师现在还**没**到,我们再等一会儿吧。

"不"可以用于过去、现在和将来。例如:

　　① 他以前**不**会说汉语,现在没有问题。

　　② 我还有点儿事,现在**不**回家。

　　③ 明天**不**听写,你知道吗?

3."没"和"不"都可以否定形容词,"没"否定性质或状态的出现。例如:

　　① 米饭**没**热,等会儿再吃。

　　② 西瓜**没**熟,不能吃。

　　③ 你的手机**没**坏,是没电了。

---

① 参见吕叔湘(1999)《现代汉语八百词》(增订本),北京:商务印书馆。

"不"是对性质的否定。例如：

① 这次考试**不**难。

② 今天**不**热。

③ 我们的教室**不大**。

二、误用"又"代替"还"

例句

误：

① *无聊得要命，坐在椅子上，**又**一直看房间的地面。

② *都快九点了，他**又**没起床。

③ *你们感到什么？应该感到无聊，**又**感到孤独。

④ *我给她说这样的情况，**又**给她宽心。

正：

⑤ 无聊得要命，坐在椅子上，**还**一直看房间的地面。

⑥ 都快九点了，他**还**没起床。

⑦ 你们感到什么？应该感到无聊，**还**感到孤独。

⑧ 我给她说这样的情况，**还**给她宽心。

分析

"还"表示动作的持续，"又"表示动作的重复。例①、例②表示动作的持续，不是动作的重复，却用了"又"，句子不成立，"又"应改为"还"。"还"也可表示项目、数量增加，"又"没有这种意思。例③、例④表示的是项目增加，却用了"又"，句子不成立，"又"应改为"还"。

韩国语中表示动作持续和重复发生的副词都是"또"，也就是说韩国语中"还""又"不分。正因为如此，韩国学生搞不清楚"还"和"又"的区别，常用"又"代替"还"。

链接26

"又"和"还"的区别：

1. 又[1]

（1）表示行为、动作重复发生，用于已经发生的行为、动作。例如：

　　① 昨天下雨，今天**又**下了。

　　② 上次去上海没玩够，上个星期我**又**去了一趟。

　　③ 昨天他迟到了，今天他**又**迟到了。

（2）表示相继发生的行为、动作。例如：

　　① 哥哥回家待了一天，**又**走了，不知道去哪儿了。

　　② 周末去游了一会儿泳，回来后**又**跟朋友去打了一会儿篮球。

2. 还

（1）表示行为、动作继续或状况的持续，含有"仍然、仍旧"的意思，用于未发生的行为、动作或状况时，句子中常有"会""要""想"等助动词。例如：

　　① 都十一点了，你**还**睡呢！

　　② 回国后，我**还**想继续学汉语。

　　③ 这支笔**还**可以用，别扔了。

　　④ 我**还**能坚持一会儿，等会儿你再来替我吧。

（2）表示项目、数量增加，范围扩大。例如：

　　① 他会唱英文歌，**还**会唱汉语歌。

　　② 我想买一件衬衣，**还**想买一条牛仔裤。

　　③ 早上弟弟吃了五个面包，**还**喝了两杯牛奶，真能吃！

---

① 参见吕叔湘（1999）《现代汉语八百词》（增订本），北京：商务印书馆。

三、误用"再"代替"又"

例句

误:

① *我抓了一个长的东西,把另外一个长的扔掉了,**再**坐到椅子上。

② *我一边看礼物,一边看天,**再**哭了。

③ *那位年轻人不敢打球,因为没有任何朋友一起玩,所以**再**回到了原来孤独的样子。

④ 我们昨天**再**考试了。

正:

⑤ 我抓了一个长的东西,把另外一个长的扔掉了,**又**坐到椅子上。

⑥ 我一边看礼物,一边看天,**又**哭了。

⑦ 那位年轻人不敢打球,因为没有任何朋友一起玩,所以**又**回到了原来孤独的样子。

⑧ 我们昨天**又**考试了。

分析

"再"和"又"都可以表示动作的重复,但"再"用于将来发生的事,"又"用于过去发生的事。例①—④都表示过去行为、动作的重复,但都用了"再",因此句子不成立,"再"应改为"又"。

韩国学生出现这种错误,是受到了韩国语和汉语的影响。韩国语中,行为、动作不论是将来重复还是过去重复都用"또",即韩国语中,"再""又"不分。正因为如此,所以韩国学生容易用"再"代替"又"。同时,汉语的"再"和"又"意思相近,但使用条件不同,韩国学生常常忽视它们的使用条件,用"再"代替"又"。

链接27

"再"和"又"的区别:

1.再

(1) 表示行为、动作重复发生或继续,用于未发生的行为、动作。

例如:

① 老师, 这个问题我还不明白, 请您**再**讲一遍。

② 今天没时间了, 明天你**再**来找我吧!

③ 衣服没洗干净, **再**洗一下。

(2) 表示一个行为、动作在另一个行为、动作结束后出现。例如:

① 我们写完作业**再**看电视。

② 现在上课呢, 我下课**再**去找你。

③ 你的手太脏, 洗了手**再**吃饭!

(3) 表示程度加深。例如:

① 这件衣服有点儿贵, **再**便宜一点儿, 我就买。

② 事情**再**多, 该休息还得休息。

③ 你穿上这件衣服, **再**好看不过了。

2. 又(参见链接26)

四、误用"一点儿"代替"有点儿"

例句

误:

① *我的钱包被偷了, 我担心**一点儿**。

② *现在的房租**一点儿**贵, 我没有钱租大房子。

③ *这次考试**一点儿**难。

④ *我住的地方离学校**一点儿**远。

正:

⑤ 我的钱包被偷了, 我**有点儿**担心。

⑥ 现在的房租**有点儿**贵, 我没有钱租大房子。

⑦ 这次考试**有点儿**难。

⑧ 我住的地方离学校**有点儿**远。

分析

"有点儿"是程度副词,只能做状语;"一点儿"是数量短语,可以做宾语、定语、补语。例①的"一点儿"虽然做补语,但是"一点儿"做补语时,多用于祈使句、比较句,而例①是陈述句,因此句子不成立,"一点儿"应删去,在"担心"前加上"有点儿"。例②、例③、例④的"一点儿"都做状语,因此句子不成立,"一点儿"应改为"有点儿"。

韩国语中"一点儿"和"有点儿"都是由副词"조금"来表达,也就是说韩国语中"一点儿"和"有点儿"是不分的。受母语影响,韩国学生常常用"一点儿"代替"有点儿"。

链接28

"一点儿"和"有点儿"的区别:

1. 一点儿

(1)"形容词 + 一点儿",形容词可以是积极方面的,也可以是消极方面的。例如:

① 快**一点儿**! 飞机就要起飞了。

② 路上车多,开车的时候慢**一点儿**!

③ 哥哥比弟弟矮**一点儿**。

(2)"形容词 + 一点儿"用于陈述句中,表示偏离某一标准或表示对比、比较。例如:

① 这个菜淡了**一点儿**,再放点儿盐吧。

② 我觉得这次考试难了**一点儿**。

③ 这件衣服比那件瘦**一点儿**。

(3)"形容词 + 一点儿"可以用于祈使句、疑问句和假设句中。例如:

① 大家快**一点儿**，要上课了。

② 这件衣服我想买，便宜**一点儿**可以吗?

③ 你写的字再大**一点儿**，后面的同学就能够看清楚了。

(4)"动词 + 一点儿 + (名词)"。例如:

① 出去旅游的时候，多带**一点儿**钱。

② 天气太热，喝**一点儿**水吧。

③ 听说这种米很好吃，我们买**一点儿**吧。

2. 有点儿

(1)"有点儿 + 形容词(短语)"，形容词为消极方面的，像"热、难、小、短、胖、危险、着急、担心"等。例如:

① 今天**有点儿**热。

② 这次考试**有点儿**难。

③ 赶快回去吧，妈妈**有点儿**着急了。

(2)"有点儿 + 形容词(短语)"只能用于陈述句，表示主观评价。例如:

① 这件衣服**有点儿**贵，我买不起。

② 北京冬天**有点儿**冷，多带一些厚衣服。

③ A: 这个房间怎么样?

　　B: **有点儿**小，我想租一个大一点儿的。

(3)"有点儿 + 不 + 形容词(短语)"，形容词为积极方面的，像"高兴、干净、漂亮、好看、舒服"等。例如:

① 今天他**有点儿**不高兴，不知道为什么。

② 这件衬衫**有点儿**不干净，给我洗一下吧。

③ 老师，我肚子**有点儿**不舒服，不能去上课，可以吗?

五、误用"常常"代替"经常"

例句

误：

① *我要**常常**跟他一起聊天, 学汉语。

② *我希望我们**常常**一起吃饭。

③ *还有另外一个好办法就是**常常**运动。

④ *以后我**常常**给妈妈打电话, 你放心吧。

正：

⑤ 我要**经常**跟他一起聊天, 学汉语。

⑥ 我希望我们**经常**一起吃饭。

⑦ 还有另外一个好办法就是**经常**运动。

⑧ 以后我**经常**给妈妈打电话, 你放心吧。

分析

"常常"表示行为、动作发生的次数多, 用于过去, 不用于将来。例①—④的"常常"都用于将来, 因此句子不成立, "常常"应改为"经常"。

韩国学生出现这种错误, 是受汉语的影响。"常常"用于过去, "经常"可以用于过去、将来。二者都表示行为、动作发生的次数多, 用法相近, 所以韩国学生常常忽视它们的区别, 误用"常常"代替"经常"。

链接29

"常常"和"经常"的区别：

1. 常常

副词, 表示行为、动作发生的次数多, 用于过去。例如：

① 这儿冬天**常常**下大雪。

② 他**常常**不去上课。

③ 弟弟是个夜猫子，**常常**半夜才睡觉。

2. 经常

(1) 副词，表示行为、动作发生的次数多，用于过去和将来。例如：

① 这儿冬天**经常**下大雪。

② 他**经常**不去上课。

③ 以后你可以**经常**到我家来玩儿。

(2) 形容词，表示平常或日常。例如：

① 他不来上课是**经常**的事儿。

② 我们公司每个月的**经常**费用都在20万以上。

六、"不"和"没"位置错误

例句

误：

① *今天朋友们跟他**不**玩儿，并且不联系。

② *他对我**不**说一句话。

③ *我们在这儿**没**吃过饭。

④ *马克一直跟人们**没**交流。

正：

⑤ 今天朋友们**不**跟他玩儿，并且不联系。

⑥ 他**不**对我说一句话。

⑦ 我们**没**在这儿吃过饭。

⑧ 马克一直**没**跟人们交流。

分析

"不"和"没"应放在介宾短语前面，例①—④的"不"和"没"都放在了动词前面，所以句子不成立。"不"和"没"应放在介词"跟""对"和"在"前面。

韩国语中"不"和"没"都紧跟动词,如"不跟他玩儿"韩国语是"그와 놀지 않다";"没跟人们交流"韩国语是"사람과 교류하지 않다"。受母语影响,韩国学生常常把"不"和"没"放在动词前面。

七、"刚刚"位置错误

例句

误:

① *刚刚我们听写完。

② *他刚刚感冒好。

③ *刚刚我做好的蛋糕,尝尝吧。

④ *妈妈看到刚刚自己打扫的地方有很多小玩具,很吃惊。

正:

⑤ 我们刚刚听写完。

⑥ 他感冒刚刚好。

⑦ 我刚刚做好的蛋糕,尝尝吧。

⑧ 妈妈看到自己刚刚打扫的地方有很多小玩具,很吃惊。

分析

副词"刚刚"只能出现在主语后,但例①—④的"刚刚"放在了主语"我们""感冒""我"和"自己"前面,因此句子不成立,"刚刚"应放在"我们""感冒""我"和"自己"的后面。

"刚刚"在韩国语中是副词"방금",该副词可以用在句首,也可用在主语后、动词前,如"妈妈刚刚打扫了房间"韩国语可以是"방금 엄마는 방을 청소했다",也可以是"엄마는 방금 방을 청소했다",前者"방금"(刚刚)放在了主语前,后者"방금"(刚刚)放在了主语后。受母语影响,韩国学生常常把"刚刚"的位置弄错。

八、"就"位置错误

例句

误：

① *如果你打开礼物的时候想别的东西，**就**这东西不是礼物。

② *孩子一听到有人的声音，**就**心里起了怀疑。

③ *妈妈看到家里乱七八糟的样子，吓了一跳，**就**她看着各式各样的玩具说："呀，我今天也是浪费时间！"

④ *要是你好好复习，**就**这次考试一定能考好。

正：

⑤ 如果你打开礼物的时候想别的东西，这东西**就**不是礼物。

⑥ 孩子一听到有人的声音，心里**就**起了怀疑。

⑦ 妈妈看到家里乱七八糟的样子，吓了一跳，她**就**看着各式各样的玩具说："呀，我今天也是浪费时间！"

⑧ 要是你好好复习，这次考试**就**一定能考好。

分析

关联副词"就"只能位于主语后面，但例①—④的"就"分别放在了主语"这东西""心里""她""这次考试"前面，因此句子不成立。"就"应放在它们的后面。

韩国语中，与关联副词"就"相当的是连结词尾"—（으）려면"，该词尾位于第一个分句的句尾，从位置上来看，是在第二个分句前面。受母语影响，韩国学生常常误把"就"放在第二个分句主语的前面。

九、"也"的误用

（一）误用"也"代替"都"

例句

误：

① *现在什么地方**也**听流行歌。

② *刚来中国的时候，我什么**也**不习惯。

③ *随着社会经济的发展，每个家庭的生活水平**也**提高了。

④ *这不是我个人的希望，好像全世界人**也**是这样的想法。

正：

⑤ 现在什么地方**都**听流行歌。

⑥ 刚来中国的时候，我什么**都**不习惯。

⑦ 随着社会经济的发展，每个家庭的生活水平**都**提高了。

⑧ 这不是我个人的希望，好像全世界人**都**是这样的想法。

分析

"也"表示类同，"都"表示总括，经常组成"什么……都……""每……都……""全……都……""任何……都……"这样的句式。例①—④中有"什么""每""全"等，动词前却用了副词"也"，句子不成立，应改为"都"。

表示周遍意义的时候，韩国语使用"도"，相当于汉语的"也"。如"什么地方都听流行歌"韩国语是"어디서도 유행가를 듣고 있다"，"我什么都不习惯"韩国语为"나는 아무 것도 습관 되지 않았다"。受母语影响，韩国学生易用"也"代替"都"。

（二）误用"也"代替"又"

例句

误：

① *因为这只是流行歌曲而已，**也**不是决定我的人生。

② *这次没考好没关系，**也**不是没有机会。

③ *虽然我们能吃得饱，可吃了以后对身体不好的话，吃饱了**也**有什么用？

④ *以后去上海**也**有什么关系呢？

正：

⑤ 因为这只是流行歌曲而已，**又**不是决定我的人生。

⑥ 这次没考好没关系，**又**不是没有机会。

⑦ 虽然我们能吃得饱，可吃了以后对身体不好的话，吃饱了**又**有什么用？

⑧ 以后去上海**又**有什么关系呢？

分析

"也"表示类同，例①、例②的"不是决定我的人生""不是没有机会"与前面的句子不是类同关系，因此不应用"也"，应用"又"，加强否定语气。例③、例④的"吃饱了有什么用""有什么关系"与前面的句子也不是类同关系，也不能用"也"，"也"也应改为"又"，加强疑问语气。

韩国语中，"也""又"都是"도"，也就是说韩国语"也""又"不分。受此影响，韩国学生易用"也"代替"又"。

链接30

"也"和"又"的区别：

1. 也

(1) 表示两个或两个以上的事物或情况同属一类。例如：

① 你迟到了，他**也**迟到了。

② 这个菜很好吃，那个菜**也**很好吃。

③ 我不去上海，**也**不去北京。

（2）用在后一个分句中，前一个分句常有"无论、不论、不管、宁可、即使"或"谁、什么、哪儿、哪"等配合。例如：

① 不管困难多大，我们**也**要坚持下去。

② 宁可扔了，这东西**也**不能给你。

③ 谁**也**不知道他去哪儿了。

④ 这个学期，我哪儿**也**没去，一直待在北京。

（3）与"连""一"搭配，组成句子。例如：

① 刚来中国的时候，我连"你好"**也**不会说。

② 这个道理连孩子**也**明白。

③ 我觉得汉字一点儿**也**不难。

（4）表示缓和语气。例如：

① 这么简单的汉字你都写错了，你**也**太不努力了！

② 天气这么冷，还在湖里游泳，**也**不怕感冒。

2. 又（参见链接26）

（三）误用"也"代替"还"

例句

误：

① *除了他以外，**也**有很多朋友。

② *昨天晚上我喝了五瓶啤酒，**也**吃了一盘饺子，肚子非常不舒服。

③ *下了一个星期雨了，今天**也**下雨。

④ *复习了一天，很多汉字**也**记不住。

正：

⑤ 除了他以外，**还**有很多朋友。

⑥ 昨天晚上我喝了五瓶啤酒，**还**吃了一盘饺子，肚子非常不舒服。

⑦ 下了一个星期雨了，今天**还**下雨。

⑧ 复习了一天，很多汉字**还**记不住。

分析

"也"主要表示类同，例①的"有很多朋友"、例②的"吃了一盘饺子"都不是表示类同，而是表示项目的增加，但都用了"也"，因此句子不成立，"也"应改为"还"。例③的"今天下雨"、例④的"很多汉字记不住"也不表示类同，表示的是状态的持续，却用了"也"，所以句子也不成立，"也"都应改为"还"。

韩国学生出现这种错误，是因为母语的负迁移。韩国语的"도"做助词时，既有汉语"也"的意思，也有汉语"还"的意思，也就是说韩国语中"也"和"还"不分。受母语影响，韩国学生容易用"也"代替"还"。

链接31

"也"和"还"的区别：参见链接26、链接30。

（四）误用"也"代替"就"

例句

误：

①　*这个现象很久以前**也**有，有很长时间了。

②　*抽烟不好，可有人**也**喜欢别人抽烟的样子。

③　*老子**也**说过这么一句话："一曰慈，二曰俭，三曰不敢为天下先。"

④　*有一个哲人**也**说过："有信心的人总是知难而进，不害怕困难。"

正：

⑤　这个现象很久以前**就**有，有很长时间了。

⑥　抽烟不好，可有人**就**喜欢别人抽烟的样子。

⑦　老子**就**说过这么一句话："一曰慈，二曰俭，三曰不敢为天下先。"

⑧　有一个哲人**就**说过："有信心的人总是知难而进，不害怕困难。"

分析

"也"表示类同，例①强调"很久以前"存在这种现象，而不是表示类同,"也"应改为表示时间早的副词"就"。例②的"有人喜欢别人抽烟的样子"、例③的"老子说过这么一句话"、例④的"有一个哲人说过"也不表示类同,因此不应用"也","也"应改为表示强调的副词"就"。

韩国语中"도"不仅可以表示类同,相当于汉语的"也";也可以表示强调,相当于汉语的"就"。受此影响,韩国学生有时用"也"代替"就"。

（五）"也"位置错误

例句

误：

① *对环境问题,**也**我们应该重视。

② *我家对我很严格,**也**爸爸、妈妈管我。

③ *它们俩看起来不一样,**也**行动不一样。

④ *我是**也**跟中国学生一起参加专业考试上本科的。

正：

⑤ 对环境问题,我们**也**应该重视。

⑥ 我家对我很严格,爸爸、妈妈**也**管我。

⑦ 它们俩看起来不一样,行动**也**不一样。

⑧ 我**也**是跟中国学生一起参加专业考试上本科的。

分析

副词"也"只能位于主语后面,谓语动词、形容词前面。例①—③的"也"都位于主语的前面,所以句子不成立,"也"应分别放在"我们""爸爸、妈妈""行动"后面。例④的"也"放在了宾语"跟中国学生一起参加专业考试上本科的"的前面,位置不对,"也"应放在主语"我"后面。

例⑤的韩国语可译为"환경 문제에도 우리는 주목해야 한다",

"도"（也）在"우리"（我们）的前面；例⑥的韩国语为"내 가족은 나에게 매우 엄격하고 또 아버지와 어머니는 나를 관리한다"，"또"（也）在"아버지와 어머니"（爸爸、妈妈）前；例⑦的韩国语可译为"둘이 보기는 다르고 또 행동는 다르다"，"또"（也）在"행동"（行动）的前面；例⑧的韩国语是"나도 중국 학생들과 함께 전문 시험에 테스트하고 학부에 들어가는 것이다"，"나도"是"我也"的意思，但韩国学生习惯上认为汉语的"是"应放在主语后面。正因为如此，韩国学生常常出现"也"位置错误的情况。

十、"都"的误用

（一）误加"都"

例句

误：

① *因为房间里有很多垃圾，于是我**都**捡起垃圾扔到垃圾桶里。

② *那时候我突然看见那个垃圾桶里**都**有我的玩具。

③ *妈妈收拾房间的东西的时候，发现了孩子的玩具，于是妈妈**都**拿起孩子的玩具扔到垃圾桶。

④ *我**都**复习了这些汉字。

正：

⑤ 因为房间里有很多垃圾，于是我捡起垃圾扔到垃圾桶里。

⑥ 那时候我突然看见那个垃圾桶里有我的玩具。

⑦ 妈妈收拾房间的东西的时候，发现了孩子的玩具，于是妈妈拿起孩子的玩具扔到垃圾桶。

⑧ 我复习了这些汉字。

分析

"都"表示总括，一般情况下，总括的对象都在"都"的前面，但例

①—④的"都"前的主语"我""那个垃圾桶里""妈妈""我"都是单一的个体,不是复数,因此不能用"都",应删去。

汉语的"都"对应于韩国语的"다",但韩国语的"다",也有"所有"的意思,受此影响,韩国学生有时会误加"都"。

（二）误用"都"代替"所有"

例句

误:

① *都韩国留学生参加这个考试。

② *小明都拿出垃圾桶里的玩具,跟小花一起数一数。

③ *他们玩完以后,突然拿起都玩具到房间里去了。

④ *我们学过都这些汉字。

正:

⑤ 所有韩国留学生参加这个考试。

⑥ 小明拿出垃圾桶里的所有玩具,跟小花一起数一数。

⑦ 他们玩完以后,突然拿起所有玩具到房间里去了。

⑧ 我们学过所有这些汉字。

分析

"都"是副词,只能放在动词前做状语,修饰动词,不能修饰名词。例①、例③、例④的"都"放在了名词"韩国留学生""玩具""这些汉字"的前面,因此句子不成立,应把"都"改为"所有"。例②的"都"虽然放在了动词前,但是主语为"小明",是单一个体,不能成为总括的对象。该句"都"总括的对象为"玩具",而"玩具"是名词,不能被"都"修饰,应删去"都","玩具"前加上"所有"。

汉语的"所有"对应于韩国语的副词"다",而"다"也对应于汉语的"都"。受母语影响,韩国学生常常用"都"代替"所有"。

十一、"很"的误用

例句

误:

① *她觉得玩具都被弄坏了,而且**很**乱七八糟。

② *云南有很多**很**奇奇怪怪的菜。

③ *当妈妈看到这些的时候,**很**吓了一跳。

④ *后来,她的两个孩子回来后,发现自己的玩具都在垃圾桶里,他们**很**觉得有点儿奇怪。

正:

⑤ 她觉得玩具都被弄坏了,而且乱七八糟。

⑥ 云南有很多奇奇怪怪的菜。

⑦ 当妈妈看到这些的时候,吓了一跳。

⑧ 后来,她的两个孩子回来后,发现自己的玩具都在垃圾桶里,他们觉得有点儿奇怪。

分析

程度副词"很"一般修饰形容词,修饰的动词多为"爱、恨、喜欢、热爱、讨厌、了解、懂"等心理动词。例①的"乱七八糟"是成语,不能被"很"修饰,"很"应删去;例②的"奇奇怪怪"是形容词的重叠式;例③的"吓了一跳"是"动词+数量补语";例④的"觉得有点儿奇怪"是动宾结构,都不能被"很"修饰,"很"都应删去。

韩国学生出现这种错误,大概有两个原因:一是韩国语的影响。例①的"乱七八糟"韩国语是"구접스럽다",是形容词,可以用"매우"(很)来修饰;例②的"奇奇怪怪"韩国语是"기기괴괴하다",是形容词,也可以用"매우"(很)来修饰;例③的"吓了一跳"韩国语为"놀라다",也可以用程度副词修饰,如"깜짝 놀라다"(非常吃惊);例

④的"觉得有点儿奇怪"中的"觉得"可以用副词"정말"(真的)来修饰。受母语影响,韩国学生常常会误加"很"。二是汉语的影响。汉语的副词"很"可以修饰形容词和一些动词(短语),如"很喜欢、很有钱、很让人头疼、很看不起他"。正因为如此,韩国学生误以为"很"可以修饰形容词重叠式和所有的动词(短语)。

链接32

"很"能修饰的成分:

1. 修饰性质形容词,但不能修饰状态形容词。例如:

① 今天**很**热。

② 这家商店的衣服**很**贵,我买不起。

③ 你们的宿舍**很**干净。

2. 修饰心理动词。例如:

① 这件衣服我**很**喜欢。

② 她**很**爱吃中国菜。

③ 我们都**很**讨厌这种人。

3. 修饰"有 / 没有+名词",这些"有 / 没有+名词"都含有"程度"的意思。例如:

① 他家**很**有钱。

② 我们老师**很**有才。

③ 你这么做**很**没有面子。

4. 修饰一些动宾结构,这些动宾结构也都含有"程度"的意思。例如:

① 这个消息**很**鼓舞人。

② 这次他**很**给面子。

③ 你这么做**很**伤感情。

5. 修饰一些"动词+得 / 不+补语"。例如:

① 我这么做**很**对得起你。

② **很**对不起, 没有告诉你。

③ 这个人**很**靠不住, 别相信他!

6. 修饰一些抽象名词、指人的名词或处所名词。例如:

① 你穿上这件衣服以后, 显得**很**青春。

② 她很厉害, 但是她装得**很**淑女。

③ 她的丈夫虽然是个外国人, 但是穿着**很**中国。

十二、"真"的误用

例句

误:

① *诗人**真**好描写了秋天的夜景。

② *他是**真**诚实的人。

③ *这个大学是**真**有名的大学。

④ *我们老师是**真**聪明的人。

正:

⑤ 诗人**非常**好地描写了秋天的夜景。

⑥ 他**真**是诚实的人。/ 他是**非常**诚实的人。

⑦ 这个大学是**非常**有名的大学。

⑧ 我们老师是**非常**聪明的人。

分析

语气副词"真"修饰形容词以后只能做谓语, 不能做状语, 也不能做定语。例①的"真好"做状语, 因此句子不成立, 应改为"非常好", 且后面要加"地"。例②、例③、例④的"真诚实""真有名""真聪明"做"人""大学""人"的定语, 因此句子都不成立。例②应改为"他真是诚实的人"或"他是非常诚实的人"; 例③、例④的"真有名""真聪明"

应分别改为"非常有名""非常聪明"。

　　韩国学生出现这样的错误，主要有两个原因：一是韩国语的影响。汉语的"真"对应韩国语的"확실히"（确实地）、"진정으로"（真诚地）、"참으로"（真的）、"진실로"（果真）、"실제로"（实际上）等，这些词语修饰形容词以后可以充当谓语、状语和定语。受此影响，韩国学生常误用"真"。二是汉语的影响。汉语的副词大多数修饰形容词和动词以后可以做状语、定语。正因为如此，韩国学生误以为"真"修饰动词和形容词后也可以做状语和定语。

第七节　介词学习中常见的错误

一、"对于"的误用

（一）误用"对于"代替"对"

例句

误：

① *美国是**对于**韩国很友好的国家。

② *东北的男人很豪放，喜欢喝酒，**对于**女人往往表现得特别友善。

③ *我男朋友**对于**我很好。

④ *这个问题将**对于**中美双方关系未来发展起积极的作用。

正：

⑤ 美国是**对**韩国很友好的国家。

⑥ 东北的男人很豪放，喜欢喝酒，**对**女人往往表现得特别友善。

⑦ 我男朋友**对**我很好。

⑧ 这个问题将**对**中美双方关系未来发展起积极的作用。

分析

"对于"和"对"都可以引出动作的对象或表示对待，但是"对"可以用于人和人之间的关系，"对于"不行。例①是将美国和韩国的关系比拟成人和人之间的关系，例②、例③说的也是人和人之间的关系，但句中却用了"对于"，因此句子不成立。三句中的"对于"应改为"对"。另外，"对于"前面不能出现副词，例④的"对于"前出现了副词"将"，所以句子不成立，"对于"应改为"对"。

韩国学生出现这种错误，一是受韩国语的影响。"对于"和"对"的韩国语都是"—에 대하다"，也就是说韩国语中"对于"和"对"是不分的。受此影响，韩国学生常用"对于"代替"对"。二是受汉语的影响。汉语的"对于"和"对"都是介词，都可以表示动作的对象或表示对待。但是"对"可以用于人和人之间的关系，"对于"不行；"对"前可以出现助动词、副词，"对于"不行。韩国学生常常忽视它们的区别，把它们等同起来，该用"对"时却用了"对于"。

链接33

"对于"和"对"的区别：[①]

1. 对于

表示对待，它后面的成分可以是行为、动作的受事，也可以是行为、动作涉及的事物。一般不能用于人和人之间的关系，也不能用在助动词、副词后面。例如：

① 领导**对于**这件事情有什么看法？

② 抽烟**对于**身体没什么好处。

2. 对

---

① 参见吕叔湘（1999）《现代汉语八百词》（增订本），北京：商务印书馆。

（1）表示动作的对象。例如：

① 他没说话，只**对**我笑了笑。

② 妈妈**对**弟弟说："明天再去，可以吗？"

（2）表示对待。可以用于人和人之间的关系，也可以用在助动词、副词的前或后。例如：

① 老师**对**我们很好。（"对"用于人和人之间的关系）

② 这儿的服务员**对**客人非常热情。（"对"用于人和人之间的关系）

③ 我们会立即**对**这件事进行研究，你放心吧。（"对"用在副词"立即"后面）

④ 他**对**这件事会有看法的。（"对"用在助动词"会"前面）

⑤ 老师会**对**他进行批评教育。（"对"用在助动词"会"后面）

注意

1. 能用"对于"的地方，一般都能用"对"；但能用"对"的地方，有的不能用"对于"。

2. "对"多用于口语，"对于"多用于书面语。

3. "对于"不能用于人和人之间的关系，也不能用在助动词、副词的后面。下面的说法都是错误的：

① *老师**对于**我们很好。

② *我会**对于**他们的住处做出安排的。

（二）误用"对于"代替"关于"

例句

误：

① ***对于**这个问题，明天我跟你讨论。

② ***对于**中国，以前我知道的很少。

③ *2000年发生的**对于**"蒜"的贸易摩擦已经解决了。

④ *韩国**对于**刘承俊的言论非常多。

正:

⑤ **关于**这个问题,明天我跟你讨论。

⑥ **关于**中国,以前我知道的很少。

⑦ 2000年发生的**关于**"蒜"的贸易摩擦已经解决了。

⑧ 韩国**关于**刘承俊的言论非常多。

分析

"对于"表示行为、动作的对象,例①的"这个问题"、例②的"中国"、例③的"蒜"、例④的"刘承俊"都不是行为、动作的对象,而是与行为、动作相关的事情,但都用了"对于",因此句子不成立,"对于"应改为"关于"。

韩国学生出现这种问题,主要是受韩国语词典的影响。"对于"在韩国NAVER词典中的翻译是"—에 대해(서)",除了引入动作涉及的对象以外,也有引入讨论对象的意思,与"关于"近似。因此,韩国学生容易用"对于"代替"关于"。

链接34

"对于"和"关于"的区别:

1. 对于(参见链接33)

2. 关于

表示关联、涉及的事物。例如:

① **关于**这件事,大家还有什么意见?

② **关于**怎么分班的问题,有时间再讨论。

注意

1.“对于”可以位于主语前,也可以位于主语后;“关于”做状语,只能位于主语前。例如:

① **对于**这件事,我没有什么意见。

　　我**对于**这件事没有什么意见。

② **关于**这件事,我没有什么意见。

　　*我**关于**这件事没有什么意见。

2.“……问题”“……事”等做宾语时,有时“对于”和“关于”可以互换。例如:

① **对于**这个问题,我有一点儿看法。

　　关于这个问题,我有一点儿看法。

② **对于**这件事,老李还有话要说。

　　关于这件事,老李还有话要说。

二、“在”的误用

（一）漏用“在”

例句

误:

① *他洛阳附近出生。

② *1920年10月12日他西大门刑务所监狱内因为营养失调而死亡。

③ *最后露梁海战中,李舜臣死了。

④ *我们喜欢图书馆里学习。

正:

⑤ 他**在**洛阳附近出生。

⑥ 1920年10月12日他**在**西大门刑务所监狱内因为营养失调而死亡。

⑦ 最后在露梁海战中，李舜臣死了。

⑧ 我们喜欢在图书馆里学习。

分析

表示行为、动作发生的处所的"在 + 名词 + 方位词"中的"在"不能省略。例①的"洛阳附近"、例②的"西大门刑务所监狱内"、例③的"露梁海战中"、例④的"图书馆里"都表示行为、动作发生的处所，但前面都没有介词"在"，因此句子不成立，应在前面加上"在"。

例①的"附近"翻译成韩国语是"근처에"，例②的"内"、例③的"中"翻译成韩国语是"안에"，例④的"里"翻译成韩国语是"—에서"，它们都包含了表示处所的助词"—에"（在）或表示动作发生场所的助词"—에서"（里）。句子当中不需另外加表处所的词。受此影响，韩国学生常常漏用介词"在"。

（二）误用"在"代替"从"

例句

误：

① *在山上掉下来的话，就会死。

② *小偷把我的自行车在楼门口偷走了。

③ *蚊子在窗户飞进来了。

④ *在奎章阁的书中把三百四十五本书拿走了。

正：

⑤ 从山上掉下来的话，就会死。

⑥ 小偷把我的自行车从楼门口偷走了。

⑦ 蚊子从窗户飞进来了。

⑧ 从奎章阁的书中把三百四十五本书拿走了。

分析

"在"表示行为、动作发生的场所，"从"表示动作的起点或经过的路线。例①的"山上"、例②的"楼门口"是"掉""偷走"的起点，但却用了"在"，句子不成立，"在"应改为"从"。例③的"窗户"是"飞"经过的路线，也用了"在"，句子也不成立，"在"也应改为"从"。"在……中"表示在某事物里，而"从……中"表示从某事物中挑出，例④的意思是把书从一些书中拿走，应该用"从"，但却用了"在"，句子也不成立，"在"应改为"从"。

韩国语中表示行为、动作发生的场所和行为、动作发生的起点等，都只用一个结构"处所 + —에서"。受母语影响，韩国学生容易"在""从"不分，经常用"在"代替"从"。

链接35

"在"和"从"的区别：[①]

1. 在

（1）表示行为、动作发生的处所。例如：

① 孩子们**在**外边玩呢，你出去看看吧。

② 老师**在**教室里上课，别给他打电话。

③ 他**在**图书馆看书呢，你找他有什么事？

（2）表示出生、居留、产生等的处所，可用于动词前，也可用于动词后。例如：

① 我**在**北京出生。

② 他以前住**在**上海，现在住**在**北京。

③ 这件事发生**在**美国。

（3）表示到达的处所，用于动词后。例如：

① 谁把衣服扔**在**这儿了？

② 把电视机放**在**桌子上吧。

---

① 参见吕叔湘（1999）《现代汉语八百词》（增订本），北京：商务印书馆。

③ 钟表挂在墙上吧。

2. 从

（1）表示起点，经常与"到""往"等配合，构成"从……到 / 往……"。例如：

① 我刚从家里回到学校。

② 从宿舍到学校，骑车20分钟。

③ 从这儿往东数，第二座大楼就是。

（2）表示经过的路线。例如：

① 门锁上了，可以从窗户爬出去。

② 刚才从图书馆路过，进去借了一本书。

③ 我们不从这儿走，你别在这儿等我们。

（3）表示根据。例如：

① 做什么事情都要从实际出发，不能想当然。

② 从说话的声音就知道是你。

（三）"在 + 名词"位置错误

例句

误：

① *没想到这样子开车在韩国。

② *我学习在广州。

③ *我住了在他家两三天。

④ *他喜欢看书在图书馆。

正：

⑤ 没想到这样子在韩国开车。

⑥ 我在广州学习。

⑦ 我在他家住了两三天。

⑧ 他喜欢在图书馆看书。

分析

"在+名词"表示行为、动作发生的处所时，要放在谓语动词前。例①的"在韩国"、例②的"在广州"、例③的"在他家"、例④的"在图书馆"都表示行为、动作发生的处所，但却放在了谓语动词的后面，因此句子不成立。例①应将"在韩国"放在"开车"前，例②应将"在广州"放在"学习"前，例③应将"在他家"放在"住"前，例④应将"在图书馆"放在"看"前。

韩国学生出现这种错误，大概有两个原因：一是英语的影响。英语表示处所的"在 + 名词"都放在动词后。受此影响，韩国学生误把汉语的一些"在+名词"也放在了动词后。二是汉语的影响。"在+名词"表示因为某种动作而人或事物到达的处所时，要放在谓语动词后面。韩国学生常常忽视了这种用法的条件，而把"在+名词"的位置弄错。

三、"对"的误用

（一）误加"对"

例句

误：

① *他很好奇地**对**爷爷问："爷爷，这个是什么？"

② *朋友**对**我回答："不要不好意思，我们毕竟是朋友。"

③ *全斗焕**对**军队命令控制参加民主化运动的光州学生和光州人民。

④ *妈妈**对**孩子们要求不要把房间弄乱。

正：

⑤ 他很好奇地问爷爷："爷爷，这个是什么？"

⑥ 朋友回答我："不要不好意思，我们毕竟是朋友。"

⑦ 全斗焕命令军队控制参加民主化运动的光州学生和光州人民。

⑧ 妈妈要求孩子们不要把房间弄乱。

分析

"问""回答"的对象应直接放在动词后,不能用介词"对"提前。例①、例②用"对"把"爷爷"和"我"提前了,因此句子不成立,"对"应删去,"爷爷"和"我"应放在"问"和"回答"后。"命令""要求"的对象应直接放在动词后,也不能用介词"对"提前。例③、例④的"命令""要求"的对象用"对"提前了,所以句子也不成立,"对"应删去,"军队""孩子们"直接放在"命令""要求"的后面。

韩国语的动词涉及的动作对象后都要使用助词"—에게"或"—에"。如"问爷爷"韩国语是"할아버지에게 질문한다",汉语可直译为"对爷爷问";"回答我"韩国语是"나에게 대답한다",汉语可直译为"对我回答"。受母语影响,韩国学生经常误加汉语介词"对"。

（二）漏用"对"

例句

误:

① *日本来说,这个问题到国际法院解决是最好的办法。

② *老师孩子们的行动进行仔细观察。

③ *妈妈面红耳赤地自己说:"累死了,我今天一定要批评他们!"

④ *人应该通过充分的思考以后再选择,而且要负责自己的选择。

正:

⑤ 对日本来说,这个问题到国际法院解决是最好的办法。

⑥ 老师对孩子们的行动进行仔细观察。

⑦ 妈妈面红耳赤地对自己说:"累死了,我今天一定要批评他们!"

⑧ 人应该通过充分的思考以后再选择,而且要对自己的选择负责。

分析

汉语中"对……来说"表示从某个人或某个角度来看问题,例①只有"来说",缺少介词"对",句子不成立,应在"日本"前面加上"对"。"进行仔细观察"不能带宾语,例②的"孩子们的行动"前面要加上"对"。例③的"自己"是"说"的对象,但前面没有"对",句子也不成立,应在"自己"前加上"对"。"负责"不能带宾语"自己的选择",例④的"自己的选择"前面应加上"对",并放在"负责"前面。

韩国语中没有框式介词结构,汉语的"对……来说"韩国语为"…의 입장에서 말한다면…",直译成汉语是"……的立场来说的话……";"对孩子们的行动进行仔细观察"韩国语为"아이들의 행동을 세심히 관찰했다",直译成汉语是"孩子的行动仔细观察"。受母语影响,韩国学生常常漏用汉语介词。

(三)误用"对"代替"给"

例句

误:

① *其中**对**我印象最深刻的诗是唐代李白写的《黄鹤楼送孟浩然之广陵》。

② *朝鲜也有权利利用核试验**对**本国的经济、农业、水利、电力等方面带来福利。

③ *下次请你**对**我介绍一下。

④ *老师**对**我们布置的作业越来越多。

正:

⑤ 其中**给**我印象最深刻的诗是唐代李白写的《黄鹤楼送孟浩然之广陵》。

⑥ 朝鲜也有权利利用核试验**给**本国的经济、农业、水利、电力等方面带来福利。

⑦ 下次请你**给**我介绍一下。

⑧ 老师**给**我们布置的作业越来越多。

分析

"对"可以表示对象,"给"也可以表示对象,但"对"表示动作涉及的对象,"给"主要引进受益者、受害者或交付、传递的接受者。例①的"我"、例②的"本国的经济、农业、水利、电力"、例③的"我"、例④的"我们"都是受益者,都不应该用"对","对"都应改为"给"。

韩国语动词涉及的对象后会较为普遍地加上助词"—에게",至于引入的是动作涉及的对象,还是受益者、受害者或交付、传递的接受者等并不做区分,即韩国语的"—에게"与汉语的介词"对"和"给"是一对多的关系。正因为如此,韩国学生常用"对"代替"给"。

链接36

"对"和"给"的区别:[①]

1. 对(参见链接33)

2. 给

(1)表示交付、传递的接受者,可以用在动词前,也可以用在动词后。例如:

① 你**给**老师回电话了吗?

② 妈妈**给**我寄来一个包裹。

③ 作业交**给**老师了。

(2)表示动作的受益者或受害者。例如:

① 朋友来中国玩,我**给**朋友当翻译。

② 明天我的辅导要**给**我辅导汉字。

③ 孩子把我的头发**给**我弄乱了,我得去梳理一下。

---

① 参见吕叔湘(1999)《现代汉语八百词》(增订本),北京:商务印书馆。

（3）表示"朝、向"，多与"敬礼、鞠躬、道歉、讲故事"等搭配。
例如：

① 我**给**你敬个礼。

② 离别的时候，学生们都**给**那位老师鞠躬。

③ 我错了，我**给**你道歉。

（四）误用"对"代替"向"

例句

误：

① *还有没有**对**他道歉。

② ***对**地方法院提出了上诉。

③ *你应该**对**她说明一下。

④ *我**对**她招手，她没看见。

正：

⑤ 还有没有**向**他道歉。

⑥ **向**地方法院提出了上诉。

⑦ 你应该**向**她说明一下。

⑧ 我**向**她招手，她没看见。

分析

"对"和"向"都有指示动作对象的作用，但是有些动词由于搭配的需求，不能使用"对"，而只能使用"向"。例①的"道歉"、例②的"上诉"、例③的"说明"、例④的"招手"，都应该使用介词"向"，而不能使用"对"，因此句子中的"对"都应改为"向"。

韩国学生出现这种错误，主要是因为母语的负迁移。韩国语中，表示动作对象的助词是"—에게"或"—에"，如"向他道歉"韩国语是"그에게 사과한다"，"向她说明一下"韩国语是"그녀에게 설명해 주세요"，其中的"—에게"和"—에"有"对"的意思。受此

影响。韩国学生容易用"对"代替"向"。

链接37

"对"和"向"的区别：[1]

1. 对（参见链接33）

2. 向

（1）"向+名词"用在动词前，表示动作的方向。例如：

　　① 向外看!

　　② 大家向左移动一下。

　　③ 飞机向南方飞去了。

（2）"向+名词"用在"走、冲、飞、奔、倒、驶"等动词后，表示动作的方向，多用于书面语。例如：

　　① 老师走向前去，帮助那个同学。

　　② 那架飞机飞向南方了。

　　③ 他从地上爬起来，又奔向前方，坚持跑完全程。

（3）表示动作的对象，动词主要有"学习、要、负责、招手、道歉"等。例如：

　　① 大家应该向他学习。

　　② 需要什么东西，可以向我要。

　　③ 我们应该向人民负责。

四、误用"给"代替"对"

例句

误：

　　① *给她们进行判决也是理所当然的。

---

① 参见吕叔湘（1999）《现代汉语八百词》（增订本），北京：商务印书馆。

② *政府**给**美国多次强调大米市场不能开放。

③ ***给**金某进行威胁和殴打。

④ *父亲再仔细地**给**儿子说："有很多稻子。"

正：

⑤ **对**她们进行判决也是理所当然的。

⑥ 政府**对**美国多次强调大米市场不能开放。

⑦ **对**金某进行威胁和殴打。

⑧ 父亲再仔细地**对**儿子说："有很多稻子。"

分析

"对"可以表示对象，"给"也可以表示对象，但"对"表示动作涉及的对象，"给"主要引进受益者、受害者或交付、传递的接受者。例①—④的"她们""美国""金某""儿子"都是动作所涉及的对象，应该使用"对"，却使用了"给"，句子不成立，"给"都应改为"对"。

韩国语中，"给"对应的是"—에게"，而"对"表示后面的动词涉及的对象时也是用"—에게"。受母语影响，韩国学生有时用"给"代替"对"。

五、误用"向"代替"对"

例句

误：

① *朝鲜**向**清朝说要发兵。

② *老师**向**我们提了很多要求。

正：

③ 朝鲜**对**清朝说要发兵。

④ 老师**对**我们提了很多要求。

分析

"向"和"对"都可以表示动作的对象，但搭配的动词不同。"对"可以与"谈、说、笑"等身体动作动词搭配，"向"则不能。例①的动词是"说"，但却用了"向"，句子不成立，"向"应改为"对"。例②的"提要求"的对象不能用"向"，而应用"对"，"向"应改为"对"。

韩国学生出现这种错误，是因为母语的负迁移。韩国语的"—에게"，根据上下文的具体内容，可分别译为"给""向""对"。正因为这样，韩国学生经常"对"和"向"搞不清楚，出现用"向"代替"对"的情况。

六、误用"跟"代替"对"

例句

误：

① *我们跟别人表示好意的时候很重视外表。

② *老人跟大卫喊："圣诞节快乐！"

③ *我才发现我还没跟圣诞老人表示我的感谢。

④ *他跟我说："你先走吧！"

正：

⑤ 我们对别人表示好意的时候很重视外表。

⑥ 老人对大卫喊："圣诞节快乐！"

⑦ 我才发现我还没对圣诞老人表示我的感谢。

⑧ 他对我说："你先走吧！"

分析

介词"跟"表示与动作有关的对方，例①的"别人"、例②的"大卫"、例③的"圣诞老人"、例④的"我"表示的是动作的对象，却都用了"跟",句子不成立,"跟"应改为"对"。

汉语的"跟"可以表示与动作有关的对象,如"我跟大卫聊天""他跟同屋吵了一架"。正因为如此,韩国学生误以为凡是与动作有关的对象都可以使用"跟",因而常常用"跟"代替"对"。

链接38

"跟"和"对"的区别:①

1. 跟

(1)表示共同、协同,只跟表示人的名词组合。例如:

① 我跟他去,你不用去了。

② 他不跟我玩儿,跟你玩儿。

③ 你跟我走吧。

(2)表示与动作有关的对方,只能跟表示人的名词组合。例如:

① 我想跟你聊聊。

② 这件事一定要跟他说清楚。

(3)表示与某事物有无联系。例如:

① 他跟这事有关,别让他走了。

② 我跟这事无关,你跟我说不着。

(4)引进比较的对象。例如:

① 这件衣服跟那件一样,都是大号。

② 我没法跟你比,你的汉语比我好多了。

③ 跟昨天相比,今天舒服多了。

2. 对(参见链接33)

_____

① 参见吕叔湘(1999)《现代汉语八百词》(增订本),北京:商务印书馆。

七、"为了……"位置错误

例句

误：

① *很多学生已经来了为了看比赛。

② *我来了中国为了她学习汉语。

③ *我们到北京为了旅游。

④ *爸爸去了上海为了工作。

正：

⑤ 为了看比赛，很多学生已经来了。

⑥ 为了她学习汉语，我来了中国。

⑦ 为了旅游，我们到北京。

⑧ 为了工作，爸爸去了上海。

分析

"为了……"表示目的，应放在表示行为、动作的分句的前面。例①的"为了看比赛"、例②的"为了她学习汉语"、例③的"为了旅游"、例④的"为了工作"都放在了表示行为、动作的分句的后面，句子不成立，"为了……"应提前。

韩国学生出现这种错误，大概是受英语的影响。"为了……"英语中相当于介词"for"，而表目的的介宾结构一般位于句尾，受此影响，韩国学生常把"为了……"放在表示行为、动作的分句的后面。

链接39

"为了……"的用法：[①]

1."为了 + 名词（短语）"表示行为、动作的受益者。例如：

---

① 参见杨德峰（2009）《对外汉语教学核心语法》，北京：北京大学出版社。

① 为了你，我才到中国来学汉语。

② 为了我们，妈妈每天都去外边工作。

2."为了＋动词（短语）"表示目的，应放在表示行为、动作的分句前。例如：

① 为了学汉语，我到中国来了。

② 为了买票看比赛，今天他没来上课。

3."……是＋为了……"表示目的。例如：

① 他到中国来是为了女朋友。

② 我这么做都是为了帮助你。

③ 大家到中国来是为了学习汉语，不是为了玩儿。

第八节　连词学习中常见的错误

一、误用"还是"代替"或者"

例句

误：

① *我的朋友还是客人来我的家吃我妈妈做的饭时，我都会向他们介绍妈妈做的饭。

② *饺子还是包子都可以。

③ *从美国的长远利益，还是美中关系大局来看，都是得不偿失。

④ *在法国，犹太人被关进收容所还是被屠杀了。

正：

⑤ 我的朋友或者客人来我的家吃我妈妈做的饭时，我都会向他们介绍妈妈做的饭。

⑥ 饺子**或者**包子都可以。

⑦ 从美国的长远利益，**或者**美中关系大局来看，都是得不偿失。

⑧ 在法国，犹太人被关进收容所**或者**被屠杀了。

分析

"还是"一般用于疑问句，表示选择。例①—④都不是疑问句，不应用"还是"，"还是"应改为"或者"。

韩国学生出现这种错误，主要有两个原因：一是韩国语的影响。韩国语中，"还是"和"或者"是一个词，都是"혹은"，即韩国语中"还是"和"或者"不分。二是英语翻译的影响。"还是"和"或者"英语都可以翻译为"or"，韩国学生误以为二者完全相同。正因为如此，韩国学生常用"还是"代替"或者"。

链接40

"还是"和"或者"的区别：

1. 还是

（1）表示选择，多用于疑问句，经常与"是"配合使用，形成"（是）……，还是……"句式。例如：

① 他（是）学汉语，**还是**学英语？

② 今天（是）热，**还是**不热？

③ （是）你去，**还是**我去？

（2）用于陈述句，有两种情况：

"无论／不论／不管……还是……，都／总……"，表示任何条件下结果或情况等都不会改变。例如：

① 无论去**还是**不去，都要告诉我。

② 不论好吃**还是**不好吃，都得尝一尝。

③ 不管下雨**还是**不下雨，明天我都去长城。

"还是"所在的结构可以做"知道、告诉、清楚、记得、听说、忘"

等的主语或宾语。例如：

① 他喜欢**还是**不喜欢这件衣服我不知道。

② 哥哥忘了去过**还是**没去过那个地方。

③ 这个菜不记得吃过**还是**没吃过。

2. 或者

(1) 用于陈述句。例如：

① 假期我想去北京**或者**上海。

② 这两天我都有空，明天**或者**今天都可以。

③ 你**或者**他，你们两个必须离开一个。

(2) "或者"可以两个或两个以上一起使用。例如：

① **或者**我去，**或者**你去，只能去一个。

② **或者**上海，**或者**北京，**或者**西安，只能选一个地方。

③ **或者**出国，**或者**上大学，**或者**工作，你必须做出选择。

注意

下面的说法都是错误的：

① *星期一考试**或者**星期二考试我不清楚。

② *他们没说去**或者**不去。

二、误用"还有"代替"另外"

例句

误：

① ***还有**他把高句丽的历史书全部改编了，在他之前没有人整理过高句丽的历史书。

② *因为朴诚民对被告人的行为印象有点儿不好，**还有**他也没向朴诚明道歉。

③ ***还有**他们把援助的东西都用在别的上面了, 没有发给需要的人。

正:

④ **另外**, 他把高句丽的历史书全部改编了, 在他之前没有人整理过高句丽的历史书。

⑤ 因为朴诚民对被告人的行为印象有点儿不好, **另外**, 他也没向朴诚明道歉。

⑥ **另外**, 他们把援助的东西都用在别的上面了, 没有发给需要的人。

分析

"还有"是副词"还"和动词"有"组成的结构, 一般做谓语, 后面要带名词性宾语。例①—③的"还有"后面的宾语都是小句, 句子不成立, "还有"应改为连词"另外"。

韩国语中, "还有"和连词"另外"都是"또", 即韩国语中"还有"和"另外"不分。受母语影响, 韩国学生容易用"还有"代替"另外"。

链接41

"还有"和"另外"的区别:

1. 还有

动词性结构, 表示追加, 后面带名词性宾语。例如:

① 我有两个妹妹, **还有**一个弟弟。

② 他有一辆自行车, **还有**一辆电动车。

③ 这儿不但有山, **还有**水, 环境非常好。

2. 另外

连词, 表示在说过的之外, 用来连接分句。例如:

① 我想去上海, **另外**, 也想去广州。

② 这次去商店我买了一件衬衫, **另外**还买了一双皮鞋。

③ 他来中国主要是学汉语, **另外**, 也想利用这个机会去旅游。

三、误用"于是"代替"所以"

例句

误：

① *我很喜欢它，**于是**我常常做这种汤喝。

② *因为房间里有很多垃圾，**于是**我把垃圾扔到垃圾桶里。

③ *李东有点儿害羞，**于是**自己装作很勇敢，大胆地脱衣服进去了。

正：

④ 我很喜欢它，**所以**我常常做这种汤喝。

⑤ 因为房间里有很多垃圾，**所以**我把垃圾扔到垃圾桶里。

⑥ 李东有点儿害羞，**所以**自己装作很勇敢，大胆地脱衣服进去了。

分析

"于是"表示一件事情承接前一件事情而发生，一般用于已经发生的事情；"所以"表示结果或结论，既可以用于已经发生的事情，也可以用于将来发生的事情。例①的"很喜欢它"、例②的"房间里有很多垃圾"、例③的"李东有点儿害羞"都是原因，"于是"后面的都是结论，表结论应用"所以"，因此句中的"于是"都应改为"所以"。

韩国语中，"于是"和"所以"都可译为"그래서"，受母语影响，韩国学生误以为"于是"和"所以"相同，常常用"于是"代替"所以"。

链接42

"于是"和"所以"的区别：

1. 于是

表示一件事情承接前一件事情而发生，是前一件事情引起的，一般用于已经发生的事情。例如：

① 我正想去吃饭，朋友给我打电话让我和他一起去，**于是**我们就一起去了食堂。

② 昨天逛商场，看见一双皮鞋，挺漂亮的，而且价钱不贵，**于是**就买了一双。

③ 上个星期五是圣诞节，而且我周一没课，**于是**就回了一趟国。

2. 所以

表示结果或结论，常跟"因为"配合使用。例如：

① 因为天气不好，**所以**比赛取消了。

② 因为离学校很近，**所以**每天我走路去学校。

③ 因为明天有考试，**所以**今天晚上必须好好复习。

四、误用"除非"代替"除了"

例句

误：

① *除非当佣人，她别无选择。

② *除非打工，没有别的办法。

③ *除非星期一，我每天都有课。

④ *除非常常大便，小孩子什么都可爱。

正：

⑤ 除了当佣人，她别无选择。

⑥ 除了打工，没有别的办法。

⑦ 除了星期一，我每天都有课。

⑧ 除了常常大便，小孩子什么都可爱。

分析

连词"除非"强调的是必要条件，后一个分句表示不具备这种条件时出现的后果；介词"除了"表示排除某种情况。例①—④的前一个分句中都有连词"除非"，但后一个分句并不是不具备前一分句表示的条件下出现的后果,句子不成立,"除非"都应改为"除了"。

韩国NAVER词典中"除非"的其中一个义项是"—을〔를〕제외하고（相当于"除了"）",意思是说"除非"与"除了"相当。受此影响,韩国学生容易用"除非"代替"除了"。

链接43

"除非"和"除了"的区别: [①]

1. 除非

（1）强调某条件是唯一条件,表示一定要这样,才能产生某种结果,常与"才"搭配使用。例如:

　　① **除非**你去,我**才**去。

　　② **除非**他给我两千块钱,我**才**卖给他。

（2）表示一定要这样,否则不会产生某种结果,常与"否则"搭配使用。例如:

　　① **除非**现在走,**否则**来不及。

　　② **除非**你去,**否则**我不会去。

（3）"除非"后接否定成分,后一个小句表示一种极端情况。例如:

　　① 哥哥**除非**不喝酒,喝起来就没完。

　　② 他**除非**不出去,一出去就很晚才回家。

2. 除了

（1）表示不计算在内。排除特殊,强调一致,常与"都""全"搭配使用。例如:

　　① **除了**上海,这些地方我**都**没去过。

　　② **除了**他,我们**都**不会说汉语。

　　③ **除了**香菜,我什么菜**都**吃。

---

① 参见吕叔湘（1999）《现代汉语八百词》（增订本）,北京: 商务印书馆。

（2）排除已知，补充其他，常与"也""还"搭配使用。例如：

　①　**除了**星期六、星期天，星期五我也休息。

　②　**除了**汉语，我还会英语。

　③　我们班**除了**美国学生，还有韩国学生、日本学生。

（3）"**除了**……就是……"表示二者必居其一。例如：

　①　这几天**除了**下雨，就是刮风。

　②　刚出生的婴儿**除了**吃，就是睡。

　③　她**除了**玩游戏，就是逛街。

五、误用"如果"代替"即使"

例句

误：

　①　*大邱人**如果**吵架，声音也比较小。

　②　***如果**以后我去很多的地方，第一次海外旅途中看到的那个风景也让我一辈子难以忘记。

　③　***如果**你感冒了，也不应该请假。

　④　***如果**下雨，我们也一定去长城。

正：

　⑤　大邱人**即使**吵架，声音也比较小。

　⑥　**即使**以后我去很多的地方，第一次海外旅途中看到的那个风景也让我一辈子难以忘记。

　⑦　**即使**你感冒了，也不应该请假。

　⑧　**即使**下雨，我们也一定去长城。

分析

"即使"表示的是假设让步，所在分句表示一种假设的情况，后一个分句表示结果或结论都不受这种情况的影响。例①的"声音也比较小"并不是由前一个分句"大邱人吵架"推断出的结论，所以不应用"如果"；该例中的"大邱人吵架"实际上是一种假设让步，因此"如果"应改为"即使"。例②的"第一次海外旅途中看到的那个风景也让我一辈子难以忘记"也不是由前一个分句"以后我去很多的地方"推断出的结论，因此用"如果"不合适；"以后我去很多的地方"也是一种假设让步，所以"如果"应改为"即使"。例③、例④情况类似。

韩国学生出现这种错误，是受汉语的影响。"即使"表示假设让步，"如果"表示假设，意思相近，韩国学生常常搞不清楚二者之间的区别，常用表示假设的"如果"代替"即使"。

链接44

"如果"和"即使"的区别:[①]

1. 如果

（1）表示假设，用于前一小句，后一小句推断出该假设的结论或提出问题，常和"那么""那""就"搭配使用。例如：

① **如果**明天下雨，就不去长城。

② 我**如果**不给你打电话，那你就别等我了。

（2）"如果……"末尾可以加"……的话"，此时"如果"可以省略；但"如果"用在后一个小句中，则不能省略。例如：

① （**如果**）这种手机太贵的话，就不用买了。

② （**如果**）不想去的话，就别去。

③ 妈妈今天该到北京了，**如果**昨天出发的话。

（3）后一小句对假设本身做出评价，常用"这""那"做主语。例如：

① 知道自己的错误，**如果**不改正，这说明就没想改。

---

① 参见吕叔湘（1999）《现代汉语八百词》（增订本），北京：商务印书馆。

②他邀请我三次了，**如果**再不去，那就不合适了。

(4)"**如果……呢**"对话中可以单独提问。例如：

① A：本周末我们去长城。

　　B：**如果**下雨呢？

　　A：下雨也去。

② A：明天学完第五课，学完以后我们有个小考试。

　　B：**如果**学不完呢？

　　A：学不完就下次再考。

2. 即使

(1)表示假设兼让步，"**即使**"所在的句子表示一种假设，后面的小句表示结果或结论不受假设情况的影响，常和"也""还""都"搭配使用。例如：

①**即使**今天很热，我们也要去长城。

②**即使**说错了，也没关系。

(2)前后两部分指同一件事情，后一部分表示退一步的估计。例如：

①**即使**今天下雨，也不会下得太大。

②火车票**即使**有，也不多了。

六、误用"虽然"代替"即使"

例句

误：

①***虽然**再不好，也要做。

②***虽然**获得成功，也不要太高兴。

③*这次**虽然**考好了，你也不能骄傲。

④***虽然**学习汉语很累，我也不怕。

正：

⑤ **即使**再不好，也要做。

⑥ **即使**获得成功，也不要太高兴。

⑦ 这次**即使**考好了，你也不能骄傲。

⑧ **即使**学习汉语很累，我也不怕。

分析

"虽然"表示让步，所在的小句承认某种事实，但后一个小句表示的事情并不能因为有此事实而成立。例①的"再不好"不是事实，是一种假设，但却用了"虽然"，复句不成立，"虽然"应改为"即使"。例②的"获得成功"也不是事实，也是一种假设，同样用了"虽然"，复句也不成立，"虽然"也应改为"即使"。例③、例④情况类似。

韩国语中，"即使"是"설령…더라도"（就算……的话），"虽然"是"—라도"（就算），两者在韩国语中都有假设、让步的意思。受母语影响，韩国学生易混淆"虽然"和"即使"。

链接45

"虽然"和"即使"的区别：

1. 虽然

（1）表示让步，承认某事为事实，但另一事并不因此而不成立，一般用于前一小句，常和"但是""不过"等搭配使用。例如：

① **虽然**今天很热，但是空气很好。

② 我的汉字**虽然**不太好，但是我的口语很好。

（2）"虽然"也可以用于后一小句，但"虽然"一定要放在主语前。例如：

① 爷爷的精神很好，**虽然**年纪很大了。

② 今天风很大，**虽然**雨不大。

2. 即使（参见链接44）

七、"和"的误用

例句

误：

①　*母亲外边的事做完后，回家看房间，看了房间后母亲很吃惊和
　　生气。

②　*我每天非常忙和累。

③　*有一天，妈妈觉得家里有点儿乱，所以决定打扫房间和整理旧
　　的东西。

④　*我们想去上海玩儿和买东西。

正：

⑤　母亲外边的事做完后，回家看房间，看了房间后母亲很吃惊，也
　　很生气。

⑥　我每天非常忙，也非常累。

⑦　有一天，妈妈觉得家里有点儿乱，所以决定打扫房间、整理旧的
　　东西。

⑧　我们想去上海玩儿、买东西。

分析

连词"和"连接双音节形容词做谓语，谓语前必须有双音节程度副
词。例①的形容词"吃惊和生气"做谓语，但谓语前的程度副词"很"是
单音节的；例②的形容词"忙"前有双音节程度副词"非常"，但"忙"
和"累"都是单音节的。因此两个句子都不成立，"和"应改为逗号，
"生气"和"累"前还应分别加上"也"和"很""非常"。

"和"可以连接动词，但动词应有共同的宾语或补语。例③的
"和"连接"打扫房间"和"整理旧的东西"，虽然动词都带宾语，但不
是共同的宾语；例④的"和"连接"玩儿"和"买东西"，前一个动词不

带宾语,后一个带了。例③的"打扫房间"和"整理旧的东西"之间、例
④的"玩儿"和"买东西"之间都应加顿号。

韩国学生出现这种错误,主要有两个原因:一是韩国语的影响。
韩国语中,"和"为连词"—고",可以直接连接两个形容词或者动词,
而且没有限制条件。受此影响,韩国学生以为汉语的"和"连接形容词
和动词时也没有限制条件。二是汉语的影响。汉语的"和"也可以连接
动词和形容词,但主要做主语、宾语和定语;连接动词以后也可以做谓
语,但必须有共同宾语。韩国学生常常忽视限制条件,而误用"和"。

链接46

"和"的用法:

1. 经常用来连接名词、代词。例如:

① 衣服**和**床单都洗了吗?

② 今天**和**明天我都在家,你来吧。

③ 你**和**他是一个班。

2. 用来连接形容词和动词,但连接做谓语的形容词或动词时,形
容词和动词需为双音节,且形容词谓语前应有双音节程度副词,动词
谓语前应有状语,或谓语后有补语或宾语。例如:

① 聪明**和**勤奋是他成功的关键。

② 我们都为她感到骄傲**和**自豪。

③ 他女朋友非常漂亮**和**温柔。

④ 这件事已经讨论**和**通过了,不用再讨论了。

3. 连接三项以上时,"和"放在最后两项之间,前面各项之间用
"、"隔开。例如:

① 烤鸡、烤鸭**和**烤猪我都吃过。

② 我去过北京、上海、广州**和**香港。

八、"不但"位置错误

例句

误:

① *不但我会说汉语,还会说英语。

② *不但中国菜好吃,而且不贵。

③ *天气不但不好,而且空气不好。

④ *他家房子不但很大,而且汽车也很漂亮。

正:

⑤ 我不但会说汉语,还会说英语。

⑥ 中国菜不但好吃,而且不贵。

⑦ 不但天气不好,而且空气不好。

⑧ 他家不但房子很大,而且汽车也很漂亮。

分析

前后两个分句的主语相同时,"不但"应该放在前一个分句主语后面。例①、例②前后两个分句的主语相同,分别是"我""中国菜",但"不但"却放在了主语前面,位置错误,"不但"应放在"我""中国菜"后面。

前后两个分句的主语不同时,"不但"应放在主语的前面。例③、例④前后两个分句的主语不同,分别是"天气"和"空气"、"房子"和"汽车",但"不但"放在了主语"天气"和"房子"的后面,位置错误,应放在"天气"和"房子"前面。

韩国学生出现这种错误,主要有两个原因:一是韩国语的影响。韩国语中,"不但"是"…뿐만 아니라",该结构位于第一个分句的句尾,跟主语的位置无关,因此,韩国学生常常搞不清楚"不但"的位置。二是汉语的影响。汉语的大多数连词,不管分句的主语是否相同,既可以

出现在主语前,也可以出现在主语后。受此影响,韩国学生误以为连词的位置与主语无关,主语相同时"不但"也可以出现在主语前。

链接47

表4 汉语常用连词在句中的位置①

连词	前后两个分句主语不同		前后两个分句主语相同	
	主语前	主语后	主语前	主语后
不但	+	−	−	+
而且	+	−	+	−
虽然	+	+	+	+
但是	+	−	+	−
因为	+	−	+	−
所以	+	−	+	−
由于	+	−	+	−
既然	+	+	+	+
既	−	+	−	+
只要	+	+	+	+
只有	+	+	+	+
如果	+	+	+	+
那么	+	+	+	−
要是	+	+	+	+
即使	+	+	+	+
哪怕	+	+	+	+
无论	+	+	+	+
不论	+	+	+	+
不管	+	+	+	+
任凭	+	−	+	−
除非	+	+	+	+
宁可	−	+	−	+

---

① 参见杨德峰(2009)《对外汉语教学核心语法》,北京:北京大学出版社。

连词	前后两个分句主语不同		前后两个分句主语相同	
	主语前	主语后	主语前	主语后
宁愿	−	+	−	+
要么	+	−	−	+
就是	+	+	+	+
尽管	+	+	+	+

（+：可用；−：不可用。）

九、"不管""不论""无论"所在句子错误

例句

误：

① *不管我的神色异常，我马上准备出去。

② *不论下大雨，他都去跑步。

③ *无论春夏秋冬，小张一直一个人住在那儿。

正：

④ 不管我的神色异常不异常，我马上准备出去。

⑤ 不论下不下大雨，他都去跑步。

⑥ 无论春夏还是秋冬，小张一直一个人住在那儿。

分析

"不管""不论""无论"用于有"形容词 + 不 + 形容词""动词 + 不 / 没（有）+ 动词""A还是B"等结构或有疑问代词的句子中。例①的"异常"是形容词，例②的"下大雨"是动词短语，例③的"春夏秋冬"是名词短语，都不符合条件，句子都不成立。例①应改为"异常不异常"，例②应改为"下不下大雨"，例③应改为"春夏还是秋冬"。

韩国语中不存在"不管""不论""无论"与"形容词 + 不 + 形容词""动词 + 不 / 没（有）+ 动词""A还是B"等搭配的句型，相应

的语法功能只是由"…막론하고"来承担。例④"不管我的神色异常不异常"韩国语是"나의 이상한 모양을 막론하고",直译成汉语是"不管我的神色异常";例⑤"不论下不下大雨"韩国语是"큰 비가 내리는 것을 막론하고",直译成汉语是"不论下大雨";例⑥"无论春夏还是秋冬"韩国语是"춘하추동을 막론하고",直译成汉语是"无论春夏秋冬"。受母语影响,韩国学生比较难掌握"不管""不论""无论"等所在的句型。

链接48

"不管""不论""无论"的区别: [1]

1. 不管

"不管"表示任何条件下结果、结论或情况等都不会改变,主要用法如下:

(1)"不管……疑问词,……"。例如:

① 考试的时候,**不管**是谁,都不能看书。

② **不管**怎么样,我都得去一趟。

③ **不管**来了多少人,今天都要上课。

(2)"不管+动词/形容词+不/没(有)+动词/形容词,……"。例如:

① **不管**下不下雨,明天都去长城。

② 这些汉字**不管**学没(有)学过,都不考。

③ 这件衣服我喜欢,**不管**贵不贵,我都要买。

(3)"不管……还是……,……"。例如:

① **不管**有听写还是没有听写,他都练习汉字。

② **不管**洗鞋还是洗衣服,他都用洗衣机。

---

[1] 参见吕叔湘(1999)《现代汉语八百词》(增订本),北京:商务印书馆。

③ 在朋友家做客，**不管**菜好吃还是不好吃，都得吃一点儿。

2. 不论、无论

表示在任何情况下结果、结论或情况都不会改变，主要用法如下：

(1)"不论／无论……疑问词，……"。例如：

① 这件事**不论／无论**谁做的，都要把他查出来。

② **不论／无论**多么热，他都不休息。

③ **不论／无论**怎么样，下星期我都把钱还给你。

(2)"不论／无论＋动词＋不／没(有)＋动词，……"。例如：

① **不论／无论**去不去，都得告诉老师。

② 这些课文**不论／无论**学没(有)学过，都要考。

③ 这些衣服**不论／无论**洗没(有)洗，都要再洗一遍。

(3)"不论／无论……还是……，……"。例如：

① **不论／无论**收到还是没收到，都要给我发一个邮件。

② **不论／无论**下雨还是下雪，明天都要去。

③ **不论／无论**贵还是不贵，都帮我买一部iPhone 6。

注意

1."不管""不论""无论"是同义词，但是"不管"用于口语，"不论""无论"用于书面语。

2."不管"后面可以是"形容词 ＋ 不 ＋ 形容词"，"不论""无论"后面不能是"形容词 ＋ 不 ＋ 形容词"，只能是"形容词＋还是＋形容词"。例如：

① **不管**好吃不好吃，都得吃。

② **不论／无论**好吃还是不好吃，都得吃。

十、"而"的误用

（一）误用"而"代替"而且"

例句

误：

① *妈妈进那个房间的时候，感到很吃惊**而**很生气。

② *我觉得不卫生**而**很难看。

③ *烤鸭好吃**而**不贵。

④ *这次听写汉字少**而**简单。

正：

⑤ 妈妈进那个房间的时候，感到很吃惊，**而且**很生气。

⑥ 我觉得不卫生，**而且**很难看。

⑦ 烤鸭好吃，**而且**不贵。

⑧ 这次听写汉字少，**而且**简单。

分析

连词"而"可以连接两个并列的形容词短语。例①的"很吃惊"和"很生气"、例②的"不卫生"和"很难看"、例③的"好吃"和"不贵"、例④的"少"和"简单"都不是并列关系，而是递进关系，却用了"而"，句子不成立，"而"应改为"而且"。

韩国NAVER词典中，"而"是"一（하）고（도）"或者"그리고"，汉语可译为"而且"，可以连接两个动词或者形容词短语，无论这两个短语是否为并列关系。受此影响，韩国学生容易用"而"来代替"而且"。

（二）误加"而"

例句

误：

① *妈妈又回房间去**而**轻松地整理完了。

② *我把羽毛球拍子拿在手上**而**出了门。

③ *每天回家做完作业**而**看电视。

正:

④ 妈妈又回房间去, 轻松地整理完了。

⑤ 我把羽毛球拍子拿在手上出了门。

⑥ 每天回家做完作业看电视。

分析

连词"而"连接的两个成分或者是并列关系, 或者是转折关系。例①的"回房间去"和"整理完了"、例②的"把羽毛球拍子拿在手上"和"出了门"、例③的"做完作业"和"看电视"都是先后关系, 但用了"而", 句子不成立, "而"应该删去。

"而"的韩国语是"그리고", 除了可以连接表并列或者转折关系的两个成分外, 也可以连接动作是先后关系的两个成分。受母语影响, 韩国学生容易误加"而"。

链接49

"而"的主要用法: [①]

1. 表示并列关系, 连接的两项意思应是一致的, 可以做谓语、定语、状语、补语等。例如:

① 他办事果断**而**沉着, 让人放心。

② 中华民族是一个伟大**而**光荣的民族。

③ 哥哥恭敬**而**热情地给客人敬酒。

2. 表示转折关系, 有"可是、但是、然而"的意思。例如:

① 老师讲课的时候一定要少**而**精, 把更多的时间留给学生练习。

② 大家听了他的话, 都敢怒**而**不敢言。

---

① 参见吕叔湘 (1999)《现代汉语八百词》(增订本), 北京: 商务印书馆。

③ 这不是一个小问题，**而**是一个大问题。

3. 把表示目的、原因、依据、方式的成分与动词连接起来。例如：

① 不能因为一次没考好**而**不学习汉语了。

② 菜的口味因人**而**异。

③ 他没有固定工作，靠给杂志写稿子**而**生活。

第九节　助词学习中常见的错误

一、"的"的误用

（一）漏用"的"

例句

误：

① *我已经从当时失败中吸取了这样的教训。

② *自己事自己不做不行。

③ *李舜臣是一个伟大人。

④ *周末我有重要事要做。

正：

⑤ 我已经从当时**的**失败中吸取了这样的教训。

⑥ 自己**的**事自己不做不行。

⑦ 李舜臣是一个伟大**的**人。

⑧ 周末我有重要**的**事要做。

分析

时间名词做定语要带"的"。例①的"当时"做"失败"的定语，但没有带"的"，句子不成立，"当时"后应加上"的"。

　　"自己"做定语，限定的名词属于本人这一方面的人、处所或单位的话可以不带"的"（如"自己人""自己单位"），除此之外，其他的都要带"的"。例②的"自己"限定的"事"，不属于本人这一方面，"自己"后面应加上"的"。

　　双音节形容词做单音节名词的定语，要带"的"。例③的"伟大"做"人"的定语、例④的"重要"做"事"的定语，但都没带"的"，句子不成立，它们后面都应加上"的"。

　　韩国学生出现这种错误，主要是受韩国语和汉语的影响。韩国学生认为只有对应的韩国语中有助词"의"或词尾"—（으）ㄴ，—는，—던，—（으）ㄹ"时，汉语句子中才需要使用"的"。而与例⑤、例⑥对应的韩国语中，都不存在这些成分。例⑤的"当时的失败"韩国语是"당시 실패"，直译成汉语为"当时失败"；例⑥的"自己的事"韩国语是"자기 일"，直译成汉语为"自己事"。

　　另外，汉语中，双音节形容词做双音节名词的定语时，可以不用"的"，如"伟大成就""重要事实"。正因为如此，韩国学生误以为双音节形容词做定语时都可以不用"的"，因而出现漏用"的"的情况。

（二）误加"的"

例句

误：

① *有时穿插放映一些**的**纪录片。

② *连这点儿**的**事都怕。

③ *他还采取了"鼓励农桑"等**的**政策。

④ *但是过了一会儿以后，下了大**的**雨，江水把车和林某冲走了。

正：

⑤ 有时穿插放映一些纪录片。

⑥ 连这点儿事都怕。

⑦ 他还采取了"鼓励农桑"等政策。

⑧ 但是过了一会儿以后,下了大雨,江水把车和林某冲走了。

分析

数量短语做定语一般不带"的"。例①、例②中的"一些""这点儿"都是数量短语,但都带了"的",句子不成立,"的"都应删去。助词"等"后也不能带"的"。例③的"等"后带了"的",句子不成立,"的"也应删去。"大雨"相当于一个名词,中间一般不加"的",例④的"的"应删去。

以上例句对应的韩国语中都带有助词"의"或词尾"―(으)ㄴ, ―는, ―던, ―(으)ㄹ"。例⑤的"一些纪录片"韩国语是"몇 편의 다큐멘터리",有助词"의";例⑥的"这点儿事"韩国语是"이런 정도의 일",有词尾"―은"和助词"의";例⑦的"等政策"的韩国语是"… 등의 정책",有助词"의";例⑧的"大雨"的韩国语是"큰 비",有词尾"―ㄴ"。受母语影响,韩国学生常常误加"的"。

(三)误用"的"代替"地"

例句

误:

① *右边的狗无力的躺在地上。

② *他快速的穿上衣服。

③ *我上次调查白居易的时候,仔细的了解了白居易。

④ *我在外地不能跟他随意的接触。

正:

⑤ 右边的狗无力地躺在地上。

⑥ 他快速地穿上衣服。

⑦ 我上次调查白居易的时候,仔细地了解了白居易。

⑧ 我在外地不能跟他随意**地**接触。

分析

例①的"无力"、例②的"快速"、例③的"仔细"、例④的"随意"都是状语,后面却用了"的",句子不成立,"的"都应改成"地"。

汉语的"的"和"地"发音相同,而且形容词后面既可以带"的",也可以带"地",因此,韩国学生经常搞不清楚二者的区别,该用"地"时却使用了"的"。

(四)误用"的"代替"得"

例句

误:

① *小龙冷**的**不知怎么办。

② *他抖**的**连钥匙也插不好。

③ *这首诗自然环境描写**的**很美丽。

④ *兔子比乌龟跑**的**快。

正:

⑤ 小龙冷**得**不知怎么办。

⑥ 他抖**得**连钥匙也插不好。

⑦ 这首诗自然环境描写**得**很美丽。

⑧ 兔子比乌龟跑**得**快。

分析

例①的"不知怎么办"、例②的"连钥匙也插不好"、例③的"很美丽"、例④的"快"都是补语,但是前面却用了"的",句子不成立,"的"都应改为"得"。

汉语的"的"和"得"发音相同,而且形容词、动词后面既可以出现"的",也可以出现"得",因此,韩国学生常常把二者混淆起来,该用"得"时却使用了"的"。

二、"得"的误用

（一）漏用"得"

例句

误：

① *我想让这些钱花有意义。

② *今天的雨下很大。

③ *一面镜子把什么东西都反射比本体更大。

④ *昨天晚上我睡觉很舒服。

正：

⑤ 我想让这些钱花**得**有意义。

⑥ 今天的雨下**得**很大。

⑦ 一面镜子把什么东西都反射**得**比本体更大。

⑧ 昨天晚上我睡觉睡**得**很舒服。

分析

汉语的动词和情态补语之间应该有"得"。例①、例②、例③的"有意义""很大""比本体更大"表示的都是情态，但前面都没有"得"，句子不成立，它们前面都应加上"得"。例④的"睡觉"是动词，"很舒服"是情态补语，但二者之间没有"得"，因此句子不成立。该例中的"睡觉"是离合词，不能直接在后面加上"得"，应该重复"睡"，再在"睡"后加上"得"。

韩国语中没有"得"字结构。例⑤的"这些钱花得有意义"韩国语为"이 돈을 쓴 가치 있다"，直译成汉语是"这些钱花的意义有"；例⑥的"雨下得很大"韩国语为"비가 많이 내린다"，直译成汉语是"雨很大下"；例⑦的"反射得比本体更大"韩国语为"본체보다 더 크게 반사됐다"，直译成汉语是"比本体更大反射"；例⑧的"睡觉睡得很

舒服"的韩国语为"잠을 편안하게 잘 잤다",直译成汉语为"觉很舒服睡"。受母语影响,韩国学生经常漏用助词"得"。

（二）误用"得"代替"地"

例句

误:

① *他很勇敢**得**进去了。

② *我简单**得**思考我最近的生活还有我和别人的关系。

③ *老师高兴**得**答应了我们的请求。

④ *妈妈希望我快乐**得**生活。

正:

⑤ 他很勇敢**地**进去了。

⑥ 我简单**地**思考我最近的生活还有我和别人的关系。

⑦ 老师高兴**地**答应了我们的请求。

⑧ 妈妈希望我快乐**地**生活。

分析

例①的"勇敢"、例②的"简单"、例③的"高兴"、例④的"快乐"都是状语,但后面都用了"得",句子不成立,"得"都应改为"地"。

汉语的"得"和"地"发音相同,而且形容词后既可以出现"地",也可以出现"得",因此,韩国学生常常该用"地"时却用了"得"。

（三）误用"得"代替"的"

例句

误:

① *秋天是让人感到孤独**得**季节。

② *快乐**得**生活很快就结束了。

③ *我喜欢吃妈妈做**得**菜。

④ *韩服穿**得**时候不舒服。

正：

⑤ 秋天是让人感到孤独**的**季节。

⑥ 快乐**的**生活很快就结束了。

⑦ 我喜欢吃妈妈做**的**菜。

⑧ 韩服穿**的**时候不舒服。

分析

例①的"孤独"、例②的"快乐"、例③的"做"、例④的"穿"都是定语，后面却用了"得"，句子不成立，"得"应改成"的"。

汉语的"得"和"的"发音相同，而且动词后面既可以出现"的"，也可以出现"得"，因此，韩国学生常常该用"的"时却用了"得"。

三、"地"的误用

（一）误加"地"

例句

误：

① *你快**地**买飞机票，马上去海南。

② *大家慢点儿**地**走，我有点儿累。

③ *他常常**地**迟到。

④ *我简直**地**不相信自己的耳朵。

正：

⑤ 你快买飞机票，马上去海南。

⑥ 大家慢点儿走，我有点儿累。

⑦ 他常常迟到。

⑧ 我简直不相信自己的耳朵。

分析

单音节形容词做状语不能带"地"。例①的"快"是单音节形容词,做状语误带了"地","地"应删去。"形容词+点儿"不能带"地"做状语。例②的"慢点儿"带了"地",句子不成立,"地"应删去。"常常"做状语不带"地"。例③的"常常"带"地"了,句子也不成立,"地"也应删去。语气副词做状语一般不带"地"。例④的"简直"是语气副词,做状语误带了"地","地"要删去。

韩国学生出现这种错误,显然是受汉语的影响。汉语的双音节形容词和形容词短语做状语一般可以带"地"。受此影响,韩国学生误以为单音节形容词做状语也可以带"地",因而出现例①、例②这样的错误。汉语副词做状语,大部分都可以带"地";而且个别语气副词做状语也可以带"地",如"我们白白地浪费了一次机会"。因此,韩国学生误以为时间副词、语气副词做状语都可以带"地"。

(二)误用"地"代替"的"

例句

误:

① *一个一个**地**成功让我更加有自信了。

② *她想我,我也一样,好在她来**地**时候放假了。

③ *现在看电视或者悲痛**地**电影我常常会哭。

④ *这件事我真**地**不知道。

正:

⑤ 一个一个**的**成功让我更加有自信了。

⑥ 她想我,我也一样,好在她来**的**时候放假了。

⑦ 现在看电视或者悲痛**的**电影我常常会哭。

⑧ 这件事我真**的**不知道。

分析

定语和中心语之间应该用"的"。例①的"一个一个"、例②的"她来"、例③的"悲痛"都是定语,但误用了"地","地"都应改为"的"。例④的"真"是状语,后面常用"的","地"应改为"的"。

汉语的"地"和"的"发音相同,而且数量重叠式、动词短语、形容词后面可以出现"地",也可以出现"的",因此,韩国学生常常分不清楚二者的不同之处,该用"的"时却用了"地"。

(三)误用"地"代替"得"

例句

误:

① *这个孩子高兴**地**不亦乐乎,不知道怎么办。

② *父亲痛苦**地**不得了,自己拆不掉,所以妈妈帮他拆掉这些东西。

③ *妈妈急**地**一直哭。

④ *堵车的时候,汽车慢**地**像乌龟。

正:

⑤ 这个孩子高兴**得**不亦乐乎,不知道怎么办。

⑥ 父亲痛苦**得**不得了,自己拆不掉,所以妈妈帮他拆掉这些东西。

⑦ 妈妈急**得**一直哭。

⑧ 堵车的时候,汽车慢**得**像乌龟。

分析

谓语动词和补语之间应该用"得"。例①的"不亦乐乎"是"高兴"的补语,表示"高兴"的情态;例②的"不得了"是"痛苦"的补语,表示"痛苦"的程度。"高兴"和"痛苦"后应加"得",但误用了"地",句子不成立,"地"都应改为"得"。例③、例④情况类似。

汉语的"地"和"得"发音相同,而且形容词后可以出现"地",也

可以出现"得",因此,韩国学生常常分不清楚二者的不同之处,该用
"得"时却使用了"地"。

链接50

"的""得"和"地"的区别:

1. 的

(1)用在定语和中心语之间,"的"前的成分可以是名词、动词、形
容词等,"的"后的成分一般是名词,也可以是动词,形成的结构相当于
名词。例如:

① 你看天气预报了吗?明天**的**天气怎么样?

② 我去买点儿吃**的**东西,你们等我一会儿。

③ 今天来找你,没有什么重要**的**事。

(2)用在名词、动词、形容词后,形成的结构相当于名词。例如:

① 这本书是老师**的**。

② 水果是朋友给**的**。

③ 今天天气非常好,天是蓝**的**,云是白**的**。

2. 得

(1)用在动词或形容词后,"得"后的成分是补语,表示程度、情
态等,一般是形容词(短语)、动词(短语),形成的结构相当于动词。
例如:

① 他穿的衣服太少了,冷**得**说不出话来。

② 那个孩子瘦**得**皮包骨头,太可怜了。

③ 我饿**得**慌,咱们去吃点儿东西吧。

(2)用在动词后,表示可能,否定是在"得"前加"不"。例如:

① A: 这东西吃**得**吗?

　　B: 吃**得**。/ 吃不**得**。

② 那个地方你去**得**,我为什么去不**得**?

3. 地

用在形容词、副词、动词短语等后面，做状语，修饰动词或形容词，形成的结构相当于动词或形容词。例如：

① 作业做完以后，一定要认真**地**检查一下。

② 这次我们合作得非常**地**愉快。

③ 同学们反映的这些问题，要无条件**地**加以解决。

四、"了"的误用

（一）"了"与"没"共现

例句

误：

① ***没**走**了**多远，他就开始担心了。

② *她**没**回报**了**我。

③ *我**没**注意到**了**这件事。

④ *今天没课，老师**没**告诉**了**我们。

正：

⑤ **没**走多远，他就开始担心了。

⑥ 她**没**回报我。

⑦ 我**没**注意到这件事。

⑧ 今天没课，老师**没**告诉我们。

分析

"没"和动态助词"了"不能共现，例①—④的"没"和"了"出现在同一个句子中，句子不成立，"了"都应该删去。

韩国学生出现这种错误，一是受韩国语的影响。"没"表示过去没有发生，韩国语中，只要是过去的事情，都要用上过去时的词尾"났 / 었 / 였"。受此影响，韩国学生经常误加"了"。二是受汉语的影

响。"没"和语气助词"了"可以共现,如"没刮风了""孩子没哭了"。因此,韩国学生误以为"没"和动态助词"了"也可以共现。

链接51

带"了"的句子的否定:

1."动词 + 了 + 名词"的否定,是直接在动词前加上"没(有)",删去动词后面的"了"。例如:

① 我吃了饭。→我**没(有)**吃饭。

② 他洗了澡。→他**没(有)**洗澡。

2."动词 + 了 + 数量 +(名词)"的否定,一般是在动词前加上"没(有)",同时"了"和"数量"要删去。例如:

① 他喝了一杯酒。→他**没(有)**喝酒。

② 我睡了八个小时觉。→我**没(有)**睡觉。

有时也可以在动词前加上"没(有)",删去"了",后面追加一个结构相似的分句,形成对比。例如:

① 他喝了一瓶酒。→他**没(有)**喝一瓶酒,喝了两瓶。

② 我等了一个小时。→我**没(有)**等一个小时,只等了半个小时。

注意

"没(有)"和动态助词"了"不能出现在同一个句子中。

(二)"了"与"每……"共现

例句

误:

① *我高中毕业以后**每**天想了想学什么?

② *我们**每**天上午都上了课。

③ *他**每**次照了很多照片,记录了每天的生活。

④ *父母**每年**都来了中国。

正：

⑤ 我高中毕业以后**每天**想想学什么。

⑥ 我们**每天**上午都上课。

⑦ 我**每次**照很多照片，记录每天的生活。

⑧ 父母**每年**都来中国。

分析

"了"表示动作完成，而"每天""每次""每年"表示的是一种惯常行为，动词后不能带"了"。例①、例②都有"每天"，例③有"每次"，例④有"每年"，但谓语动词后都有动态助词"了"，句子不成立，"了"都应删去。

韩国学生出现这种错误，主要是受汉语的影响。"了"表示动作完成，而"每天""每次""每年"等表示的动作大多数都是完成了的。正因为如此，韩国学生误以为动词后应该带"了"。

（三）"了"与"才"共现

例句

误：

① *原来我这个人自己也不相信自己，从来没有觉得爱是什么，现在我才知道了不能那样分手。

② *昨天我**才**来了北大。

③ *现在他**才**明白了准备活动的重要性。

④ *我们**才**下了课。

正：

⑤ 原来我这个人自己也不相信自己，从来没有觉得爱是什么，现在我**才**知道不能那样分手。／原来我这个人自己也不相信自己，从来没有觉得爱是什么，现在我知道了不能那样分手。

⑥ 昨天我**才**来北大。/ 昨天我来**了**北大。

⑦ 现在他**才**明白准备活动的重要性。/ 现在他明白**了**准备活动的重
要性。

⑧ 我们**才**下课。/ 我们下**了**课。

分析

汉语的"才"表示行为、动作在不久前发生,意味着行为、动作已
经完成;动态助词"了"也表示行为、动作完成。因此,二者意思重复,
用了"才"就不能用"了"。例①—④中既有"才",也有"了",句子不
成立,应删去其中之一。

韩国语中,只要是过去发生的事情,动词后都要用上过去时的词尾
"았 / 었 / 였"。受母语影响,韩国学生经常把"了"和"才"用在同一
个句子中。

(四)"了"与"常常""一直"共现

例句

误:

① *我**常常**想**了**他是一个好同学。

② *老家冬天**常常**下**了**雪。

③ *我们**一直**在那儿等**了**他。

④ *因为**一直**晒**了**太阳,所以他们的皮肤很红。

正:

⑤ 我**常常**想他是一个好同学。

⑥ 老家冬天**常常**下雪。

⑦ 我们**一直**在那儿等他。

⑧ 因为**一直**晒太阳,所以他们的皮肤很红。

分析

"常常"表示的是惯常行为,虽然动作已经发生,但是谓语动词后

不能带"了"。例①的"想"、例②的"下"后面带了"了"，句子不成立，"了"应删去。"一直"表示从过去到说话的时间，虽然所在的句子动作也已经发生，但是谓语动词后不能带动态助词"了"（动词带时量补语时除外）。例③、例④的"等""晒"带了"了"，句子不成立，"了"应删去。

韩国语中，凡是过去发生的事情，动词后都要用上过去时的词尾"았／었／였"。受母语影响，韩国学生经常把"了"和"常常""一直"用在同一个句子中。

（五）"了"与"不"共现

例句

误：

① *第二天人们批评我时，我**不**听**了**他们的话。

② *你**不**懂**了**我的意思，你成了世界上最不幸的人。

③ *他**不**告诉**了**我，所以我不知道。

④ *昨天她**不**复习**了**，所以今天她考得不太好。

正：

⑤ 第二天人们批评我时，我**不**听他们的话。

⑥ 你**不**懂我的意思，你成了世界上最不幸的人。

⑦ 他**不**告诉我，所以我不知道。

⑧ 昨天她**不**复习，所以今天她考得不太好。

分析

"不"和动态助词"了"不能同时出现在一个句子中。例①—④的"不"和"了"同时出现在一个句子中，句子不成立，"了"应删去。

韩国语中，只要是过去发生的事情，都要在谓语动词后加上过去时的词尾"았／었／였"。受母语影响，韩国学生常把"不"和"了"用在同一个句子中。

（六）双音节动词后误用"了"

例句

误：

① *暑假我们决定了去云南。

② *我决心了以后遇到每个人都对他们好。

③ *我发现了照顾孩子也是重要的事情。

④ *父母同意了我去中国留学。

正：

⑤ 暑假我们决定去云南。

⑥ 我决心以后遇到每个人都对他们好。

⑦ 我发现照顾孩子也是重要的事情。

⑧ 父母同意我去中国留学。

分析

汉语的一些双音节动词，像"听说、听见、决定、决心、发现、拒绝、答应、同意"等，带动词（短语）或形容词短语等做宾语时，后面不能带"了"。例①的"决定"的宾语"去云南"、例②的"决心"的宾语"以后遇到每个人都对他们好"、例③的"发现"的宾语"照顾孩子也是重要的事情"、例④的"同意"的宾语"我去中国留学"都是动词短语，但"决定""决心""发现""同意"都带了"了"，句子不成立，"了"应该删去。

韩国语中，凡是过去发生的事情，都要在谓语动词后加上过去时的词尾"았/었/였"。受母语影响，韩国学生常在"决定""决心""发现""同意"等双音节动词后用上"了"。

（七）直接引语前的动词后误用"了"

例句

误：

① *同学们回答了:"27路。"

② *司机对我们说了:"你们要去哪儿,如果目的地一样的话,上
　　车吧。"

③ *弟弟问了:"我可以吃大块巧克力吗?"

④ *老师说道了:"最后一次考试一定要考好。"

正:

⑤ 同学们回答:"27路。"

⑥ 司机对我们说:"你们要去哪儿,如果目的地一样的话,上
　　车吧。"

⑦ 弟弟问:"我可以吃大块巧克力吗?"

⑧ 老师说道:"最后一次考试一定要考好。"

分析

汉语直接引语前面的动词不能带"了"。例①的"回答"、例②的
"说"、例③的"问"、例④的"说道"都带了"了",句子不成立,"了"
都应删去。

韩国语中,凡是过去发生的事情,都要在动词后加上过去时的词尾
"았 / 었 / 였"。受母语影响,韩国学生常在直接引语前的动词后用上
"了"。

链接52

"了"的使用规律:①

1. 如果句子中有表示过去某一时间的词语,而某一行为、动作在
这一时间之前已经发生,动词后要用"了"。例如:

① 昨天晚上,我们去了酒吧。

② 去年圣诞节,我回了韩国。

---

① 参见刘月华、潘文娱、故铧(2001)《实用现代汉语语法》(增订本),北京:商务印书馆。

2. 一个行为、动作或情况后跟着另一个行为、动作或情况，不管第一个行为、动作或情况是否已经发生或实现，第一个动词后要用"了"。例如：

　① 明天我下了课去图书馆。

　② 昨天晚上我做了作业就休息了。

3. 直接引语前的动词后不用"了"。例如：

　① 妈妈对我说："时间晚了，早点休息吧。"

　② 那个人向我走来，问："你知道去北大怎么走吗？"

4. 一些双音节动词，如"答应、认为、决定、决心、知道、听说、听见、发现、拒绝、开始"等，宾语为动词（短语）、形容词短语、主谓短语时，后面不用"了"。例如：

　① 老师答应周五再听写。

　② 我认为汉语不难。

　③ 他拒绝回答我的问题。

5. 结果补语、程度补语前的动词后不用"了"。例如：

　① 看完比赛我就回去。

　② 作业做完了。

　③ 你说得棒极了！

（八）误用"了"代替"着"

例句

误：

　① *所以只好在游泳场旁边看了小王。

　② *1910年3月26日，他穿了传统朝鲜服装被绞死。

　③ *弟弟戴了帽子出去了。

　④ *我们骑了自行车逛胡同。

正：

⑤ 所以只好在游泳场旁边看**着**小王。

⑥ 1910年3月26日，他穿**着**传统朝鲜服装被绞死。

⑦ 弟弟戴**着**帽子出去了。

⑧ 我们骑**着**自行车逛胡同。

分析

动态助词"了"表示动作完成，"着"表示动作的进行或状态的持续。例①的"看小王"、例②的"穿传统朝鲜服装"、例③的"戴帽子"、例④的"骑自行车"都是表示动作或状态的持续，但动词后都带了"了"，句子不成立，应把"了"改成"着"。

韩国学生出现这种错误，是因为汉语"了"的类推泛化。"了"表示动作完成，以上四例叙述的都是过去发生的事情，即动作已经完成。因此，韩国学生就在动词后用了"了"。

（九）"了"位置错误

1."了"误放在间接宾语后

例句

误：

① ＊他的中国朋友给我了很大的帮助和鼓励。

② ＊他按照自己的经验，教我了不少的东西。

③ ＊老师告诉我们了后海的情况。

④ ＊办公室已经通知大家了考试的事。

正：

⑤ 他的中国朋友给了我很大的帮助和鼓励。

⑥ 他按照自己的经验，教了我不少的东西。

⑦ 老师告诉了我们后海的情况。

⑧ 办公室已经通知了大家考试的事。

分析

"了"不能放在双宾语的间接宾语后。例①—④的"了"放在了间接宾语"我""我们""大家"后面，句子不成立，"了"应放在谓语动词"给""教""告诉""通知"的后面。

韩国学生出现这样的错误，是受汉语的影响。"了"可以放在"动词+宾语"后，如"吃饭了""下课了"等，因此，韩国学生误以为"了"也可以放在双宾语的间接宾语后。

2."了"误放在补语前

例句

误：

① *他睁了大眼睛。

② *我打了开电视。

③ *他愣了住。

④ *现在雨下了小。

正：

⑤ 他睁大了眼睛。

⑥ 我打开了电视。

⑦ 他愣住了。

⑧ 现在雨下小了。

分析

"了"不能放在动补结构的动词后。例①—④的"了"都放在了动补结构的动词后，因此句子不成立，"了"应放在补语"大""开""住""小"后。

韩国语中没有补语，补语都以状语的形式出现，表示完成的过去时词尾都要加在谓语动词后面。受母语影响，韩国学生常把"了"放在动补结构的动词后。

3."了"误放在"动词+介宾补语"的动词后

例句

误：

　① ＊我住了在他的家。

　② ＊书放了在桌子上。

　③ ＊回国的时候，他把手机送了给我。

　④ ＊那本书还了给图书馆。

正：

　⑤ 我住在他的家了。

　⑥ 书放在桌子上了。

　⑦ 回国的时候，他把手机送给我了。

　⑧ 那本书还给图书馆了。

分析

"动词 + 介宾补语"中的动词后不能带动态助词"了"。例①的"住在他的家"、例②的"放在桌子上"、例③的"送给我"、例④的"还给图书馆"的"住""放""送""还"都带了"了"，句子不成立，"了"应放在句尾。

韩国语中，凡是过去发生的事情，都要在动词后加上过去时的词尾。受母语影响，他们常在"动词+介宾补语"中的动词后用上"了"。

4."了"误放在连动句的第一个动词后

例句

误：

　① ＊我们也去了那边一起打。

　② ＊过年的时候，我全家人去了莲花山旅行。

　③ ＊去年春天我来了上海留学。

　④ ＊父母上个星期来了北京看我。

正：

⑤ 我们也去那边一起打了。

⑥ 过年的时候，我全家人去莲花山旅行了。

⑦ 去年春天我来上海留学了。

⑧ 父母上个星期来北京看了我。

分析

表示行为、动作已经发生或实现的连动句，如果第二个动词（短语）表示的是第一个行为、动作的目的，一般第二个动词后面带"了"。例①—④都是行为、动作已经发生或实现的连动句，"一起打""旅行""留学""看我"都是"去"或"来"的目的，但"了"都放在了第一个动词"去""来"的后面，句子不成立，"了"应分别放在"打""旅行""留学""看"的后面。

韩国学生出现这种错误，是因为母语的负迁移。韩国语中，以上四例的谓语动词是"去"和"来"，"打""旅行""留学""看"都是以目的状语的形式出现。由于"去""来"的动作已经完成，因此韩国学生容易在"去""来"后加上"了"。

链接53

"了"的位置：①

1. 表示行为、动作已经发生或实现的连动句，如果第一个动词（短语）表示的行为、动作发生以后再发生第二个动词（短语）表示的行为、动作，则"了"一般放在第一个动词后面。例如：

① 妈妈买了一个冰糖葫芦给我。

② 弟弟从房间里搬了一把椅子出来。

2. 表示行为、动作已经发生或实现的连动句，如果第一个动词

---

① 参见杨德峰（2009）《对外汉语教学核心语法》，北京：北京大学出版社。

（短语）表示后一个动词（短语）所表示的行为、动作的方式、工具，或第二个动词（短语）表示的行为、动作是第一个动词表示的行为、动作的目的，一般第二个动词后面带"了"。例如：

① 老板坐飞机去了上海，他不在公司。

② 洗衣机没坏呀，上午我还用洗衣机洗了一些衣服呢。

③ 昨天我和我朋友去电影院看了一场电影。

3. 表示行为、动作已经发生或实现的兼语句，一般最后一个动词后面带"了"。例如：

① 早晨妈妈让我喝了两袋牛奶，所以现在我一点儿都不饿。

② 上个星期六，老板派他去了北京。

4. 几个分句如果叙述的是已经发生或实现的一连串行为、动作，一般最后一个分句的动词后面用"了"。例如：

① 我们班今天开会，会上老师表扬了她。

② 他起床，穿衣，刷牙，吃饭，吃完饭就赶忙去了学校。

5. "了"放在"动词 + 补语"后面。例如：

① 我的作业做完了。

② 黑板擦干净了吗？

6. "动词 + 介词 + 名词"结构中，"了"只能放在名词后面。例如：

① 你的书放在书包里了。

② 他的手机落在出租汽车上了。

7. "动词 + 来 / 去"不带宾语，"了"位于"来""去"的后面；带宾语，有两种位置：

（1）"动词 + 来 / 去 + 了 + 宾语"。例如：

① 妈妈给我寄来了一个包裹，我想去邮局取一下。

② 弟弟没有衣服换了，昨天我给他送去了一些干净衣服。

（2）"动词 + 了 + 宾语 + 来 / 去"。例如：

① 圣诞节妈妈给我寄了一个包裹来，但是现在还没收到。

② 弟弟没有衣服换了，昨天我给他送了一些干净衣服去。

8."动词 + 复合趋向补语"不带宾语，"了"有两种位置：

(1)"动词 + 了 + 复合趋向补语"。例如：

① 孩子从楼梯上滚了下来，脸都摔破了。

② 我把小猫关在家里，可是它却从门缝里爬了出去。

这类句子带有描写色彩，有突出动作的作用。

(2)"动词 + 复合趋向补语 + 了"。例如：

① 我们把桌子都搬进去了。

② 雨从窗户飘进来了，关上窗户吧。

这类句子没有描写色彩。

9."了"放在"动词 + 宾语$_1$ + 宾语$_2$"的动词后面。例如：

① 他结婚的时候，我送了他一部手机。

② 你只还了图书馆一本书，还有两本没还。

注意

1."了"不能出现在"动词 + 介词 + 名词"中的动词后面，只能放在名词后面。下面的说法都是错误的：

① *手机放了在口袋里。

② *汽车停了在教室门口。

2."了"只能出现在动补结构的补语后面，不能出现在动补结构的动词后面。下面的说法都是错误的：

① *他的性格变了好。

② *你看了花眼吗？

（十）"了"与"真""很"共现

例句

误:

① *当时觉得**真**遗憾**了**。

② *看见老朋友,**真**高兴**了**。

③ *明天你来夏威夷,我**很**期待**了**。

④ *听到他回国的消息,我**很**吃惊**了**。

正:

⑤ 当时觉得**真**遗憾。

⑥ 看见老朋友,**真**高兴。

⑦ 明天你来夏威夷,我**很**期待。

⑧ 听到他回国的消息,我**很**吃惊。

分析

"真""很"修饰形容词和心理动词后,形容词和心理动词后面一般不能带语气助词"了"。例①的"遗憾"、例②的"高兴"、例③的"期待"、例④的"吃惊"后面都带了"了",句子不成立,"了"都应该删去。

韩国语中,凡是过去发生的事情,动词后都要用上过去时的词尾。以上各例都是已经出现的状态,因此韩国学生容易在句尾误加"了"。

链接54

语气助词"了"的用法: [①]

1."名词＋了"。例如:

① 几年不见,你儿子都成小伙了。

---

① 参见吕叔湘(1999)《现代汉语八百词》(增订本),北京:商务印书馆。

② 已经夏天了，天会一天比一天热。

③ 都中午了，该吃午饭了。

2."动词 + 了"。例如：

① 教室锁了，我们进不去。

② 衣服洗了，裤子没洗。

③ 水开了，沏点茶吧。

3."形容词 + 了"。例如：

① 今年白菜贵了。

② 天黑了，我们回去吧。

③ 他喝一点儿酒，脸就红了。

4."数量（名）+ 了"。例如：

① 我来中国已经三年了。

② 你二十岁了，不是孩子了！

③ 我们班二十个人了，太多了！

5."动词 + 宾语 + 了"。例如：

① 你看，下雪了！

② 上课了！快进去吧。

③ 刮风了，我们进去吧。

6."动词 + 了 + 宾语 + 了"。例如：

① 我们已经见了面了。

② 孩子已经睡了觉了。

③ 我吃了饭了，你们去吃吧。

7."动词 + 了 + 数量（名）+ 了"。例如：

① 我在这儿住了三年了。

② 她学了五年汉语了。

③ 这孩子又长了两公分了。

8."快……了""要……了""快要……了"。例如：

① 快下课了。

② 要放假了。

③ 我们快要开学了。

五、"着"的误用

（一）误加"着"

1.动词后误加"着"

例句

误：

① *我有**着**这样的想法。

② *爸爸很吃惊，我发现很奇怪的样子后回**着**头看。

③ *马上穿衣服，打**着**车回家。

④ *我几个朋友说，她骗**着**我。

正：

⑤ 我有这样的想法。

⑥ 爸爸很吃惊，我发现很奇怪的样子后回头看。

⑦ 马上穿衣服，打车回家。

⑧ 我几个朋友说，她骗我。

分析

表示存在的"有"不能加"着"，例①的"有"带了"着"，句子不成立，应该删去"着"。"回头"的"回"不能带"着"，例②的"回"带了"着"，句子不成立，应将"着"删去。"打车"的"打"不能带"着"，例③的"打"带了"着"，句子不成立，"着"应删去。"骗"也不能带"着"，例④的"骗"带了"着"，句子不成立，"着"要删去。

韩国学生出现这种错误，一是受韩国语的影响。"我有这样的想

法"韩国语是"나는 이런 생각을 가지고 있다", 其中"—고 있다"的汉语直译为"着"。二是受汉语的影响。汉语的动词很多都可以带"着"。受此影响, 韩国学生误以为"回""打""骗"也可以带"着"。

2. 补语后误加"着"

例句

误:

① *奇怪的老人走了以后, 马克高兴起来**着**说:"谢谢你, 给我这么好的礼物。"

② *从前面的车上掉下来**着**一些东西。

③ *原来, 一只肚子鼓鼓的老鼠正离开**着**那朵最美丽的花儿。

④ *他打开**着**巧克力的盒子说:"看起来这个巧克力不错。"

正:

⑤ 奇怪的老人走了以后, 马克高兴起来, 说:"谢谢你, 给我这么好的礼物。"

⑥ 从前面的车上掉下来一些东西。

⑦ 原来, 一只肚子鼓鼓的老鼠正离开那朵最美丽的花儿。

⑧ 他打开巧克力的盒子说:"看起来这个巧克力不错。"

分析

动词带了趋向补语或结果补语后, 后面不能再带"着"。例①—④的趋向补语"起来""下来""开"都带"着"了, 句子不成立, 应将"着"删去。

"着"韩国语可译为"—(으)면서", 只要动作持续或进行, 动词后都应带上"—(으)면서"。受母语影响, 韩国学生常常在不该用"着"的地方误加"着"。

3. 宾语后误加"着"

例句

误：

① *出来后身体非常冷，所以我赶快打的**着**回家。

② *那时候爸爸和孩子听到这一个小声音，所以他们扭头**着**看。

③ *他跑步**着**看手机，真危险。

④ *我喜欢洗澡**着**听音乐。

正：

⑤ 出来后身体非常冷，所以我赶快打的回家。

⑥ 那时候爸爸和孩子听到这一个小声音，所以他们扭头看。

⑦ 他跑**着**步看手机，真危险。

⑧ 我喜欢洗**着**澡听音乐。

分析

离合词后面的一个语素相当于宾语，汉语的宾语不能带"着"。例①—④的"打的""扭头""跑步""洗澡"都是离合词，却带了"着"，句子不成立，应将"着"删去或提前。

韩国学生出现这种错误，主要是受汉语的影响。"着"表示持续或进行，应放在动词后。离合词也是动词，因此他们误以为"着"应放在离合词后。

（二）误用"着"代替"地"

例句

误：

① *她生气**着**说："又是谁呀？"

② *他吃惊**着**看着。

③ *他伤心**着**走回家了。

④ *他得意**着**打开了礼物。

正:

⑤ 她生气**地**说:"又是谁呀?"

⑥ 他吃惊**地**看着。

⑦ 他伤心**地**走回家了。

⑧ 他得意**地**打开了礼物。

分析

形容词做状语不能带"着"。例①的"生气"是动词"说"的状语,例②的"吃惊"是动词"看"的状语,例③的"伤心"是动词"走"的状语,例④的"得意"是动词"打"的状语,但却带了"着",句子不成立,应将"着"改为"地"。

韩国学生出现这种错误,是受母语的影响。例⑤的"她生气地说"韩国语是"그녀는 화가 나면서 말했다",其中"—면서"的汉语直译为"着";例⑥的"他吃惊地看着"韩国语是"그는 놀라면서 보고 있다",其中"—면서"的汉语直译为"着";例⑦的"他伤心地走回家了"韩国语是"그가 마음 아파하면서 집으로 돌아갔다",其中"—면서"的汉语直译为"着";例⑧的"他得意地打开了礼物"韩国语是"그는 득의하면서 선물을 열었다",其中"—면서"的汉语直译为"着"。受母语影响,韩国学生常用"着"代替"地"。

(三)"着"误加在"动词 + 时量补语"中间

例句

误:

① *等**着**几分钟来了一辆出租汽车。

② *看**着**一会儿,他懂了。

③ *我莫名其妙地站**着**一分钟。

④ *他在宿舍打**着**十分钟电话。

正：

⑤ 等了几分钟来了一辆出租汽车。

⑥ 看了一会儿，他懂了。

⑦ 我莫名其妙地站了一分钟。

⑧ 他在宿舍打了十分钟电话。

分析

动词带了时量补语以后，动词后不能带"着"。例①—④中的"等""看""站""打"等动词与时量补语中间加了"着"，句子不成立，"着"都应改为"了"。

"着"一般对应韩国语"—（으）면서"，只要动作持续或进行，动词后都应带上"—（으）면서"。受母语影响，韩国学生容易在带时量补语的动词后误加"着"。

（四）"着"误加在"动词＋介宾补语"中间

例句

误：

① *他跪**着**在地上。

② *李明站**着**在山上看风景。

③ *她感冒了，睡**着**在床上。

④ *小王爸爸坐**着**在石头上继续说："你昨天晚上……"

正：

⑤ 他跪在地上。

⑥ 李明站在山上看风景。

⑦ 她感冒了，睡在床上。

⑧ 小王爸爸坐在石头上继续说："你昨天晚上……"

分析

动词带介宾补语后，中间不能插入"着"。例①的"跪"、例②的

"站"、例③的"睡"、例④的"坐"后分别有介宾补语"在地上""在山上""在床上"和"在石头上",但中间都插入了"着",句子不成立,"着"都应删去。

韩国学生出现这种错误,是受目的语泛化的影响。韩国学生把"着"简单地等同于表示动作持续状态的助词,而不区分具体使用条件。受此影响,他们常常在动词和介宾补语中间误加"着"。

链接55

"着"的用法: [①]

1. 用在动词后,表示动作进行,句尾常带"呢"。例如:

① 外面下着雨呢,别出去了。

② 我现在开着车,不方便打电话,一会儿给你打过去。

③ 妈妈做着饭呢,你没看见吗?

2. 用在动词或形容词后,表示状态的持续。例如:

① 空调关着呢,能不热吗?

② 你的手机在桌子上放着呢,你没看见吗?

③ 十二点了,教室里的灯还亮着,可能忘了关。

3. "处所词 + 动词 + 着 + 名词",表示某地方存在某事物。例如:

① 教室的墙上贴着一张中国地图。

② 图书馆门前的空地上放着很多自行车。

③ 停车场里停着很多汽车。

4. "动词 + 着",用在动词前,表示两个动作同时进行,或者表示第二个动作的方式。例如:

① 今天考试,同学们冒着大雨来学校了。

② 她抿着嘴笑,不说话。

---

① 参见吕叔湘(1999)《现代汉语八百词》(增订本),北京:商务印书馆。

③ 妈妈批评哥哥的时候, 哥哥低**着**头不作声。

"动词 + 着", 也可以表示手段, 它后面的动词表示目的。例如:

① 我急**着**去上班, 忘了锁家里的门, 真糟糕!

② 这些饺子留**着**明天吃吧。

5."动词 + 着", 重复使用后用在其他动词前, 表示正在进行着一种动作时出现其他的动作。例如:

① 孩子睡**着**睡**着**哭了起来。

② 我听**着**听**着**就睡着了。

（五）"着"否定的错误

例句

误:

① *她的房间没放**着**东西。

② *他在宿舍没做**着**作业。

③ *他没在书上写**着**名字。

④ *离开公司以后我们差点儿回国, 什么都没实现**着**。

正:

⑤ 她的房间没放东西。

⑥ 他在宿舍没做作业。

⑦ 他没在书上写名字。

⑧ 离开公司以后我们差点儿回国, 什么都没实现。

分析

"动词 + 着"的否定一般是在谓语动词前加上"没 (有)", 删去"着"。例①—④的谓语动词前都有"没", 动词后却都有"着", 句子不成立, 应该把"着"删去。

韩国语的"动词 / 形容词 + 着"的否定是直接在"动词 /形容词"前加上"没", "没"和"一고 있다"(着) 共现。受母语影响,

韩国学生常出现"着"否定的错误。

链接56

带"着"的句子的否定：[①]

1. 一般是在动词前面加上"没（有）"，删去"着"。如果宾语前面有数量成分，数量成分也要删去。例如：

　　① 外边下**着**雪。→外边**没（有）**下雪。

　　② 黑板上写**着**一行字。→黑板上**没（有）**写字。

　　③ 桌子上放**着**一本汉语书。→桌子上**没（有）**放汉语书。

句末有语气词"呢"，"呢"也要删去。例如：

　　① 老师上**着**课呢。→老师**没（有）**上课。

　　② 大家等**着**你呢。→大家**没（有）**等你。

2. 祈使句用"别""不要"否定。例如：

　　① 拿**着**！→**别**拿**着**！／**不要**拿**着**！

　　② 骑**着**！→**别**骑**着**！／**不要**骑**着**！

　　③ 在这儿躺**着**！→**别**在这儿躺**着**！／**不要**在这儿躺**着**！

3. 疑问句、假设条件句可以用"不"否定。例如：

　　① 去旅游**不**带**着**相机？

　　② 孩子这么小，你们**不**看**着**孩子？

　　③ **不**躺**着**就不舒服，所以我喜欢躺着。

　　④ 如果我们**不**等**着**你，今天就不会迟到。

注意

　　"处所词（短语）＋动词＋着＋（数量）＋名词"不能用"不"否定。下面的说法都是错误的：

---

① 参见杨德峰（2009）《对外汉语教学核心语法》，北京：北京大学出版社。

> ① *黑板上**不写着**(一行)字。
> ② *墙上**不挂着**(一幅)画。

六、误用"过"代替"了"

例句

误：

① *夜里起床的时候第一次在深夜看**过**动画片。

② *上周他在五道口第二次和朋友喝**过**清酒。

③ *一天他在西单吃**过**北京烤鸭，很高兴。

④ *有一天我去**过**普林斯顿大学。

正：

⑤ 夜里起床的时候第一次在深夜看**了**动画片。

⑥ 上周他在五道口第二次和朋友喝**了**清酒。

⑦ 一天他在西单吃**了**北京烤鸭，很高兴。

⑧ 有一天我去**了**普林斯顿大学。

分析

动态助词"过"用在动词后，表示过去曾经发生这样的动作或者曾经具有这样的性状，句子中不能出现不明确表示动作发生的时间的词语。例①中的"第一次"、例②中的"第二次"、例③中的"一天"、例④中的"有一天"是不确定的时间词语，因此，句子都不成立，例①—④中的"过"应改为"了"。

韩国学生出现这种错误，主要是因为"过"和"了"在表示过去发生的动作时语义近似、容易混淆，韩国学生常常简单地把二者等同起来，把它们都当成过去时的标记。

链接57

"过"和"了"的区别:

1. 过

(1)用在动词、形容词后面,表示过去曾经发生这样的动作或者曾经具有这样的性状。例如:

　　① 我学**过**这个词,现在想不起来了。

　　② 我们去**过**长城,别再去了。

　　③ 今年冬天没有真正冷**过**。

(2)"动词＋过"表示的动作不延续到现在。例如:

　　① 我吃**过**北京烤鸭。(现在没吃)

　　② 你着急**过**吗?(现在不着急)

2. 了

(1)用在动词、形容词后面,表示动作的完成。例如:

　　① 我们今天学**了**二十个生词,你们呢?

　　② 妈妈下**了**班就回家,你等一会儿。

　　③ 今年夏天只热**了**两个多月。

(2)"动词＋了"表示的动作可以延续到现在,也可以不延续到现在。例如:

　　① 我吃**了**饭,你们去吧。(现在没吃饭)

　　② 你当**了**班长,就应该为同学服务。(现在依然当班长)

> **注意**
>
> "过"用在动词后,如果句子中出现时间词语,必须为确定的时间,不能是不确定的时间,下面的说法都是错误的:
>
> 　　① *有一天我吃**过**烤鸭。
>
> 　　② *我第一次来**过**中国。

七、"吗"的误用

例句

误:

① *你有没有困难吗?

② *你注没注意吗?

③ *这个题目难不难吗?

④ *你想没想过这个问题吗?

正:

⑤ 你有没有困难?

⑥ 你注没注意?

⑦ 这个题目难不难?

⑧ 你想没想过这个问题?

分析

"吗"用于是非问句或反问句。例①—④都是正反问句,不是是非问句或反问句,但用了"吗",句子不成立,"吗"应删去。

韩国学生出现这种错误,是因为"吗"的类推泛化。"吗"只能用于是非问句或反问句,韩国学生经常忘记这一条件,把"吗"用于正反问句。

八、误用"呢"代替"吗"

例句

误:

① *我们能学好汉语呢?

② *这就是我的学校呢?

③ *这是她买的新衣服呢?

④ *他说的话有道理呢?

正：

　　⑤ 我们能学好汉语**吗**？

　　⑥ 这就是我的学校**吗**？

　　⑦ 这是她买的新衣服**吗**？

　　⑧ 他说的话有道理**吗**？

分析

"呢"不能用于是非问句。例①—④都是是非问句，但用了"呢"，句子不成立，"呢"应改为"吗"。

韩国学生出现这种错误，是因为"呢"的类推泛化。"呢"可以用于特指问句、正反问句、选择问句等。因此，韩国学生误以为"呢"也可以用于是非问句。

链接58

"呢"和"吗"的区别：[①]

1. 呢

表示疑问语气，主要有以下用法：

(1) 用于特指问句。例如：

　　① 她是谁**呢**？

　　② 今天晚上去哪儿玩**呢**？

　　③ 中午我们吃什么**呢**？

　　④ 我去北京，你**呢**？

(2) 用于选择问句。例如：

　　① 你去还是我去**呢**？

　　② 今天热还是昨天热**呢**？

(3) 用于正反问句。例如：

---

① 　参见吕叔湘（1999）《现代汉语八百词》（增订本），北京：商务印书馆。

① 明天考不考试**呢**?

② 你的朋友还来不来**呢**?

③ 他去没去过这个地方**呢**?

(4) 用于反问句,肯定形式表示否定的意思,否定形式表示肯定的意思。例如:

① 这么好的天,哪儿会下雨**呢**? ("哪儿会下雨呢?"意思为"不会下雨")

② 你也不能帮助我,告诉你又有什么用**呢**? ("告诉你又有什么用呢?"意思为"告诉你没有用")

③ 你怎么不知道我的名字**呢**? (这句话意思为"你应该知道我的名字")

2. 吗

表示疑问语气,主要有以下用法:

(1) 用于是非问句。例如:

① 你是留学生**吗**?

② 你们吃过烤鸭**吗**?

(2) 用于反问句。肯定形式表示否定的意思,否定形式表示肯定的意思。例如:

① 你没学过汉语,你会说汉语**吗**? ("你会说汉语吗?"意思为"你不会说汉语")

② 今天20度,冷**吗**? ("冷吗?"意思为"不冷")

③ 这个词你没学过**吗**? (这句话意思为"你学过")

注意

"吗"只能用于是非问句和反问句,"呢"只能用于是非问句以外的问句。

第二章　句子成分学习中常见的错误

第一节　主语学习中常见的错误

一、主语前误加介词

例句

误：

① *在爸爸的脸上露出了微笑。

② *在左手受伤了。

③ *从儿子的眼睛流泪了。

④ *从他的右腿流血了。

正：

⑤ 爸爸的脸上露出了微笑。

⑥ 左手受伤了。

⑦ 儿子的眼睛流泪了。

⑧ 他的右腿流血了。

分析

　　例①的"爸爸的脸上"是动词"露出"的主语，例②的"左手"是动词"受伤"的主语，但前面误加了介词"在"，句子不成立，应将"在"删去。例③的"儿子的眼睛"是动词"流泪"的主语，例④的"他的右腿"是动词"流血"的主语，前面却有介词"从"，句子也不成立，应将"从"删去。

例⑤"爸爸的脸上"韩国语为"아버지의 얼굴에"；例⑥"左手受伤了"韩国语是"왼손에 상처를 받았다"；例⑦"儿子的眼睛流泪了"韩国语是"아들의 눈에 눈물이 났다"；例⑧"他的右腿流血了"韩国语是"그의 오른쪽 다리에 피가 났다"。这些句子中的"—에"经常对应汉语的"在"或"从"。受母语影响，韩国学生很容易在表示人身体部位的主语前误加介词"在"或者"从"。

二、主语后误加方位词

例句

误：

① *东东兴奋不已，满脸上都是好奇。

② *她感冒了，全身上冷。

③ *他很紧张，手心上有冷汗。

④ *现在身体上已经发抖了。

正：

⑤ 东东兴奋不已，满脸都是好奇。

⑥ 她感冒了，全身冷。

⑦ 他很紧张，手心有冷汗。

⑧ 现在身体已经发抖了。

分析

例①的"满脸"、例②的"全身"、例③的"手心"、例④的"身体"都是主语，"脸""身""手心""身体"后面不能加方位词"上"，应删去"上"。

韩国学生出现这种错误，一是受韩国语的影响。"满脸"韩国语是"온 얼굴에"；"全身冷"韩国语是"온 몸에 춥다"；"手心有冷汗"韩国语是"손 바닥에 식은 땀이 있다"；"身体已经发抖了"韩国语是"몸에 벌써 떨다"。这些句子的主语后都有表示处所或动作发生场所的助词"—에"，可对应汉语的"上"。受母语影响，韩国学生很容易在处所名词后误加方位词"上"。二是受汉语的影响。汉语存现句的主语表示处所，后面常有方位词。如"台上坐着很多老师""地铁里有很多人"，因此，韩国学生误以为表示处所的名词做主语时都应加上方位词。

三、主语和副词位置错误

例句

误：

① *已经肚子里蠢蠢欲动起来。

② *已经他做完作业了。

③ *爸爸恍然大悟，已经时间很晚了，该吃晚饭了。

④ *他回来的时候，已经电视节目完了。

正：

⑤ 肚子里已经蠢蠢欲动起来。

⑥ 他已经做完作业了。

⑦ 爸爸恍然大悟，时间已经很晚了，该吃晚饭了。

⑧ 他回来的时候，电视节目已经完了。

分析

汉语的时间副词一般放在主语的后面、谓语动词的前面。例①—④的"已经"却放在主语"肚子里""他""时间"和"电视节目"的前面，句子不成立，应该把"已经"放在主语之后。

韩国学生出现这种错误，一是受韩国语的影响。韩国语副词的位置很灵活，可以在动词前，也可以在主语前。"时间已经很晚了"韩国语可以是"이미 시간이 늦었다"，也可以是"시간이 이미 늦었다"。副词"이미"（已经）的位置可以在主语前，也可以在主语后。正因为如此，韩国学生有时把汉语的时间副词也放在主语前。二是受汉语的影响。汉语有些副词，像语气副词，有的既可以位于主语前，也可以位于主语后。如"其实他不知道这件事"，也可以说成"他其实不知道这件事"，前者的副词"其实"在主语前，后者的"其实"在主语后。受此影响，韩国学生误以为时间副词也可以位于主语前。

第二节　谓语学习中常见的错误

一、名词（短语）谓语前漏用"是"

例句

误：

① *他真胆小的人。

② *李明现在北京大学学生。

③ *因为，老鼠现在饥饿状态，它几天都没吃饭。

④ *他们本来住在大城市的人。

正：

⑤ 他真是胆小的人。

⑥ 李明现在是北京大学学生。

⑦ 因为，老鼠现在是饥饿状态，它几天都没吃饭。

⑧ 他们本来是住在大城市的人。

分析

汉语判断句的两个体词之间一般要加上动词"是"。例①的"他"和"胆小的人"、例②的"李明"和"北京大学学生"、例③的"老鼠"和"饥饿状态"、例④的"他们"和"住在大城市的人"之间都没有动词"是"，因此句子不成立。例①应在"胆小的人"前加上"是"，例②应在"北京大学学生"前加上"是"，例③应在"饥饿状态"前加上"是"，例④应在"住在大城市的人"前加上"是"。

韩国学生出现这种错误，一是受韩国语的影响。韩国语中，没有对应汉语判断句动词"是"的动词，"是"的意思，一般通过助词"이다"实现。另外，当"이다"位于开音节之后时，常简化为"다"。受此影响，韩国学生经常把汉语判断句中的动词"是"省略掉。二是受汉语的影响。汉语的判断句，也有一些不使用动词"是"的情况，像"今天星期一""明天周六"。因此，韩国学生误以为判断句都可以不使用动词"是"。

链接59

不使用"是"的判断句：

1. 表示时间、节令、籍贯等的名词，像"星期一、星期二、星期三、星期四、星期五、星期六、星期天，春节、元宵节、端午节、中秋节、国庆节、元旦"等，可以直接做谓语，前面不用"是"。例如：

① 明天星期五。

② 星期一春节。

③ 后天国庆节。

④ 李老师上海人。

2. 表示时间、年龄、长度、重量、价格等的数量（名）可以直接做谓语，前面不用"是"。例如：

① 现在八点。

② 我二十岁。

③ 小王一米七五。

④ 这个西瓜二十斤。

⑤ 那支笔十块钱。

二、动词(短语)谓语前误用"是"

例句

误:

① *我在秋天是经常感到孤独。

② *周末他是到图书馆复习。

③ *因为丈夫不在身边、无法照顾妻子才是导致这种情况。

④ *所以这家公司的产品成本肯定增加, 利润是减少。

正:

⑤ 我在秋天经常感到孤独。

⑥ 周末他到图书馆复习。

⑦ 因为丈夫不在身边、无法照顾妻子才导致这种情况。

⑧ 所以这家公司的产品成本肯定增加, 利润减少。

分析

汉语动词(短语)谓语前一般不能使用判断动词"是", 除非是强调。例①的"经常感到孤独"、例②的"到图书馆复习"、例③的"导致这种情况"、例④的"减少"都是动词短语或者动词, 但它们前都有判断动词"是", 句子不成立, 应把动词(短语)谓语前的"是"删去。

韩国学生出现这种错误, 是受汉语的影响。表示强调时, 汉语的动词(短语)谓语前可以加上动词"是", 如"我是去过那个地方""我们昨天是考口语了"。受此影响, 韩国学生误以为动词(短语)谓语前都可以加上"是"。

三、形容词（短语）谓语前误用"是"

例句

误：

① *老张的光头也**是**很亮。

② *今天的天气恰恰**是**非常好。

③ *那家商店的衣服**是**比较便宜。

④ *在路上走着，想去哪儿**是**最合适。

正：

⑤ 老张的光头也很亮。

⑥ 今天的天气恰恰非常好。

⑦ 那家商店的衣服比较便宜。

⑧ 在路上走着，想去哪儿最合适。

分析

汉语形容词短语谓语前一般不加判断动词"是"。例①的形容词短语"很亮"、例②的形容词短语"非常好"、例③的形容词短语"比较便宜"、例④的形容词短语"最合适"前都有判断动词"是"，句子不成立，应将各句中的"是"删去。

韩国学生出现这种错误，大概有两个原因：一是汉语的影响。表示强调或确认的时候，汉语的形容词（短语）前面可以加上"是"，如"今天是热""汉语是有意思"。受此影响，韩国学生误以为形容词（短语）谓语前都可以加上"是"。二是英语的影响。英语形容词前要加上系动词"be"，因此，韩国学生误以为汉语的形容词（短语）谓语前也应加上"是"。

链接60

形容词（短语）前出现"是"的情况：

1. 强调或确认的时候，形容词（短语）前要用"是"，而且要重读。

例如：

    ① 昨天′是冷。

    ② 这个超市的东西′是很贵。

    ③ 这个菜′是不好吃。

2."A是A"中的A可以是形容词，表示让步。例如：

    ① 今天热是热，但天气不错。

    ② 饺子好吃是好吃，但是也不能每天都吃。

    ③ 飞机快是快，不过机票有点儿贵。

3. 纠正或反驳他人的观点时，形容词（短语）前可以用"是"，经常用"……不是 + 形容词（短语）"和"……是 + 形容词（短语）"对举。例如：

    ① 今天**不是**冷，是非常冷！

    ② 烤鸭**不是**好吃，是非常好吃！

    ③ 这件衣服**不是**漂亮，是难看！

四、漏用连动句第一个谓语动词

例句

误：

    ① *爸爸觉得儿子好可爱，慈爱的声音叫儿子。

    ② *她甜美的声音唱这首歌。

    ③ *爷爷慈爱的眼神看着孩子。

    ④ *老师严厉的眼光瞪着学生。

正：

    ⑤ 爸爸觉得儿子好可爱，用慈爱的声音叫儿子。

    ⑥ 她用甜美的声音唱这首歌。

    ⑦ 爷爷用慈爱的眼神看着孩子。

⑧ 老师用严厉的眼光瞪着学生。

分析

例①中"慈爱的声音"不能与动词"叫"搭配,"慈爱的声音"前应加上动词"用"。例②中"甜美的声音"不能与动词"唱"搭配,"甜美的声音"前应加上动词"用"。例③中"慈爱的眼神"不能与动词"看"搭配,"慈爱的眼神"前应加上动词"用"。例④中"严厉的眼光"不能与动词"瞪"搭配,"严厉的眼光"前应加上动词"用"。

韩国语表示方式、方法可以不使用动词,而使用带有助词"—(으)로"(以)的状语成分。如"用慈爱的声音叫儿子"韩国语是"인자한 목소리로 아들을 부른다",直译成汉语是"慈爱的声音叫儿子";"用甜美的声音唱这首歌"韩国语是"감미로운 목소리로 이 곡을 부른다",直译成汉语是"甜美的声音唱这首歌";"用慈爱的眼神看着孩子"韩国语是"인자한 눈길로 아이를 보고 있다",直译成汉语是"慈爱的眼神看着孩子";"用严厉的眼光瞪着学生"韩国语是"매서운 눈길로 학생들을 노려보고 있다",直译成汉语是"严厉的眼光瞪着学生"。受母语影响,韩国学生容易出现此种错误。

五、漏用分句中的谓语动词

例句

误:

① *父子发现这个场面后不知怎么办好,**目瞪口呆的样子**。

② *他今天穿了一件很帅的西装,**特别精神的模样**。

③ *但如果**大风**,还有落叶,怎么办?

④ *要是**车祸**,发生灾害,他也很担心。

正:

⑤ 父子发现这个场面后不知怎么办好,**目瞪口呆**。

⑥ 他今天穿了一件很帅的西装，**特别精神**。

⑦ 但如果**有大风**，还有落叶，怎么办?

⑧ 要是**发生车祸**，发生灾害，他也很担心。

分析

汉语的名词短语一般不能独立作为一个分句。例①、例②的第二分句"目瞪口呆的样子"和"特别精神的模样"是名词短语，不能单独成句，应该删去"的样子"和"的模样"。例③的"大风"、例④的"车祸"也是名词短语，也不能独立成句，应该在"大风"前加上动词"有"，在"车祸"前加上动词"发生"。

韩国学生出现这种错误，是受韩国语的影响。"父子发现这个场面后不知怎么办好，目瞪口呆"韩国语是"아버지와 아들이 그 정경을 발견한 후에 어떻게 했으면 좋을지 모르는데 어리둥절한 모습이다"，直译成汉语是"父子发现这个场面后不知怎么办好，目瞪口呆的样子"。"他今天穿了一件很帅的西装，特别精神"韩国语是"오늘 그는 멋진 양복을 입고 특히 정신적인 모습이다"，直译成汉语是"他今天穿了一件很帅的西装，特别精神的模样"。"如果有大风，还有落叶"韩国语是"강한 바람, 또 낙엽이 있으면"，直译成汉语是"如果大风，还有落叶"，"大风"没带谓语动词"有"。"要是发生车祸，发生灾害"韩国语是"교통사고와 재해가 나면"，直译成汉语为"车祸和灾害发生的话"，汉语句中的两个动词对应韩国语句中的一个动词。受母语影响，韩国学生常常出现这种错误。

第三节　宾语学习中常见的错误

一、误用定指宾语

例句

误：

① *这次旅游的目的地是**那个**郊外。

② *周五他们要去**那个**农村参观。

③ *他在想周末要不要去爬山，害怕从**那座**山上摔下来。

④ *山里有河，他在担心，如果我掉到**那条**河里，怎么办？

正：

⑤ 这次旅游的目的地是郊外。

⑥ 周五他们要去农村参观。

⑦ 他在想周末要不要去爬山，害怕从山上摔下来。

⑧ 山里有河，他在担心，如果我掉到河里，怎么办？

分析

汉语的"那"表示定指，指示前文提到的事物或听者和话者都知道的事物。例①中的宾语"郊外"是不定指的，即是听者和话者都不知道的事物，但是前面却有"那"，句子不成立，应将"那个"删去。例②中的"农村"也不是定指的，可句中使用了"那"，句子不成立，应将"那个农村"改为"农村"。例③中的"山"不是确定的山，而句中使用了"那"，句子不成立，应将"那座山"改成"山"。例④中的"河"也不是定指的，但句中却使用了"那"，句子不成立，应将"那条河"改为"河"。

韩国语的指示词有近指"이"（这），中指"그"（那），远指"저"（那）三种，主要用于指出所谈及的人或事物与说话人的距离关系，并没有定指的功能。受母语影响，韩国学生误以为汉语的指示代词也没有定指功能。

二、漏用宾语前数量成分

（一）"动词＋宾语"中的宾语前缺乏数量成分

例句

误：

① *那时候，小孩儿在田里发现了奇怪的植物。

② *周末他遇到了好玩的事。

③ *他提出了有意思的想法。

④ *爸爸想起来好主意。

正：

⑤ 那时候，小孩儿在田里发现了**一种**奇怪的植物。

⑥ 周末他遇到了**一件**好玩的事。

⑦ 他提出了**一个**有意思的想法。

⑧ 爸爸想起来**一个**好主意。

分析

汉语中的一些双音节动词，像"发现、遇到、碰到、提出"等，所带的宾语一般为数量结构。例①的谓语动词为"发现"，但宾语为"奇怪的植物"，前面没有数量成分，句子不成立，应该在宾语前加上"一种"。例②的谓语动词为"遇到"，但宾语为"好玩的事"，数量成分缺漏，应该在宾语前加上"一件"。例③的谓语动词为"提出"，宾语为"有意思的想法"，数量成分缺漏，应该在宾语前加上"一个"。"动词＋双音节趋向动词"后的宾语一般为数量（名），但例④的宾语"好主意"前面没有数量成分,句子也不成立,宾语前应加上"一个"。

　　韩国学生出现这种错误,原因主要有两个:一是韩国语的影响。韩国语的宾语前通常不用数量成分。受此影响,他们常常在汉语的宾语前也不使用数量成分。二是汉语的影响。汉语的动词,大多可以带名词短语做宾语。受此影响,韩国学生误以为动词都可以带名词短语做宾语。

（二）漏用直接宾语前数量成分

例句

误:

①　*圣诞节,我送给她礼物。

②　*请你转交给他信。

③　*所以我们寄给贵公司鞋。

④　*你借给我钱吧。

正:

⑤　圣诞节,我送给她**一个**礼物。

⑥　请你转交给他**一封**信。

⑦　所以我们寄给贵公司**一些**鞋。

⑧　你借给我**一些**钱吧。

分析

　　汉语的双宾语中,直接宾语前面一般要带数量成分。例①—④都有双宾语,但直接宾语"礼物""信""鞋"和"钱"前面都没有数量成分,句子不成立,这些宾语前应分别加上"一个""一封"和"一些"。

　　韩国语的宾语前通常不用数量成分,受母语影响,韩国学生常常在汉语的宾语前也不使用数量成分。

三、漏用宾语中心语

例句

误：

① *他在心里想着大卫可能明白了**一点儿关于农民和农村**。

② *来中国以后，他知道了**一点儿关于京剧**。

③ *那个节目正在介绍**关于北京香山**。

④ *他了解**关于中国法律**。

正：

⑤ 他在心里想着大卫可能明白了**一点儿关于农民和农村的事情**。

⑥ 来中国以后，他知道了**一点儿关于京剧的知识**。

⑦ 那个节目正在介绍**关于北京香山的事情**。

⑧ 他了解**关于中国法律的知识**。

分析

例①动词"明白"后只有定语"一点儿"和"关于农民和农村"，缺少宾语中心语，句子不成立，应在"农民和农村"后加上"的事情"。例②动词"知道"后只有定语"一点儿"和"关于京剧"，缺少宾语中心语，句子不成立，应在"京剧"后加上"的知识"。例③动词"介绍"后只有定语"关于北京香山"，缺少宾语中心语，句子不成立，应在"北京香山"后加上"的事情"。例④动词"了解"后，也只有定语"关于中国法律"，缺少宾语中心语，句子不成立，应在"中国法律"后加上"的知识"。

韩国语中"关于……"（—에 대해）多充当状语，用来修饰动词。"明白了一点儿关于农民和农村的事情"韩国语为"농부와 농촌에 대해 좀 알았다"，其中"농부와 농촌에 대해"（关于农民和农村）做状语，修饰动词"알다"（明白）。"知道了一点儿关于京剧的知识"

韩国语为"경극에 대해 좀 알았다",其中"경극에 대해"(关于京剧)做状语,修饰动词"알다"(知道)。"正在介绍关于北京香山的事情"韩国语为"베이징 향산에 대해 소개하고 있다",其中"베이징 향산에 대해"(关于北京香山)做状语,修饰动词"소개하다"(介绍)。"了解关于中国法律的知识"韩国语为"중국 법률에 대해 알았다",其中"중국 법률에 대해"(关于中国法律)做状语,修饰动词"알다"(了解)。受母语影响,韩国学生常常出现宾语中心语缺失的情况。

四、离合词误带宾语

例句

误:

① *见面我的表姐,我们一起吃饭,还一起逛街。

② *以前什么事情都是父母帮忙我。

③ *今天晚上李明要请客我。

④ *终于他毕业了名牌大学。

正:

⑤ 跟我的表姐见了面,我们一起吃饭,还一起逛街。

⑥ 以前什么事情都是父母帮我的忙。

⑦ 今天晚上李明要请我客。

⑧ 终于他从名牌大学毕业了。

分析

汉语的离合词"见面""帮忙""请客"和"毕业"是不及物动词,后面不能带宾语。例①的"见面"、例②的"帮忙"、例③的"请客"、例④的"毕业"后分别带有宾语"我的表姐""我"和"名牌大学",句子不成立。例①应改为"跟我的表姐见了面",例②应改为"帮我的忙",例③应改为"请我客",例④应改为"从名牌大学毕业了"。

韩国语中,"见面""帮忙""请客""毕业"是及物动词,"跟我的表姐见了面"韩国语为"내 언니를 만났다",直译成汉语为"见面我的表姐";"帮我的忙"韩国语为"나를 도와준다",直译成汉语是"帮忙我";"请我客"韩国语为"나를 초대했다",直译成汉语是"请客我";"从名牌大学毕业了"韩国语为"명문 대학을 졸업했다",直译成汉语是"毕业了名牌大学"。这些句子中的"을/를"是韩国语的宾格助词,表示前面所加成分"내 언니"(我的表姐)、"나"(我)和"명문 대학"(名牌大学)等是谓语动词的宾语。受母语影响,韩国学生常常在汉语的相应动词的后面带上宾语。

链接61

离合词涉及的对象的位置: [1]

离合词表示的行为、动作所涉及的对象不能放在离合词后面做宾语,一般要用介词引导放在离合词前面,这样的离合词主要有"见面、吵架、打架、道歉、结婚、离婚、分手、聊天、谈话、散步、跳舞、游泳、滑冰、睡觉、担心、操心、开玩笑"等。例如:

① 弟弟**跟别人**打架了。

② 昨天是我不对,我**向你**道歉。

③ 可以**和你**跳个舞吗?

也有一些离合词表示的行为、动作所涉及的对象要做第一个语素后面的成分的定语,这样的离合词常见的有"请客、生气、帮忙、劳驾、开玩笑、革命"等。例如:

① 老师在**生我们的气**。

---

① 参见杨德峰(2009)《对外汉语教学核心语法》,北京:北京大学出版社。

② **劳您驾**, 把那本书给我看看。

③ 你别**开我的玩笑**了, 我的汉语没有你说的那么好。

五、宾语和时量补语位置错误

例句

误:

① *我学了**汉语一年**。

② *我们昨天看了**电影两个小时**。

③ *他在图书馆读了**书三个小时**。

④ *他写了**作业半小时**, 就出去玩了。

正:

⑤ 我学了**一年汉语**。

⑥ 我们昨天看了**两个小时电影**。

⑦ 他在图书馆读了**三个小时书**。

⑧ 他写了**半小时作业**, 就出去玩了。

分析

表示时间的数量补语, 当宾语为表示事物的名词时, 宾语应放在补语的后面, 例①—④的宾语"汉语""电影""书"和"作业"都是表示事物的名词, 却放在了补语的前面, 句子不成立, "汉语""电影""书"和"作业"应放在"一年""两个小时""三个小时""半小时"的后面。

韩国学生出现这种错误, 是受汉语的影响。汉语的"动词+时量补语"带宾语, 宾语有的可以出现在时量补语的前面, 如"我们等老师一会儿""大家等你半天了"; 有的只能出现在补语的后面, 如"查一下词典""我看半天书了"。正因为如此, 韩国学生常常搞不清楚宾语的位置。

链接62

"动词＋时量补语"及带宾语的位置：[1]

1."动词 ＋ 时量补语"中的动词可以带"了"和"过"，但不能带"着"。例如：

　　① 我们学校放了三天假。

　　② 今天下了一天大雨。

　　③ 我学过两年汉语。

2. 限制时量补语的副词一般在动词前，但有的也可以在时量补语前。例如：

　　① 雨已经下了两天了。

　　　雨下了已经两天了。

　　② 我们大概花了两个星期的时间就完成了准备工作。

　　　我们花了大概两个星期的时间就完成了准备工作。

3. 宾语表示一般事物或抽象事物时，一般位于时量补语后面，补语和宾语之间还可以用"的"。例如：

　　① 弟弟看了一上午（的）电视。

　　② 我们这儿下了一天（的）雪。

4. 宾语为指人的名词、代词时，一般位于时量补语前面。例如：

　　① 我们等了她两个小时。

　　② 你妈找你半天了，赶快回去吧。

不过，补语为"一会儿""半天"，宾语可以在时量补语前，也可以在后。例如：

　　① 等弟弟一会儿。

　　　等一会儿弟弟。

---

[1]　参见刘月华、潘文娱、故铧（2001）《实用现代汉语语法》（增订本），北京：商务印书馆。

② 说你半天了，你怎么还不听呀？

　　说半天你了，你怎么还不听呀？

六、宾语和动量补语位置错误

例句

误：

① *请老师开灯一下。

② *我刚才查了字典一下。

③ *刚才我读了课文一遍。

④ *我又擦了桌子几遍。

正：

⑤ 请老师开一下灯。

⑥ 我刚才查了一下字典。

⑦ 刚才我读了一遍课文。

⑧ 我又擦了几遍桌子。

分析

表示动量的数量补语，当宾语为表示事物的名词时，宾语应放在补语后面。例①—④的宾语"灯""字典""课文""桌子"都是表示事物的名词，但放在了补语的前面，句子不成立。"灯""字典""课文"和"桌子"应分别放在"一下""一遍"和"几遍"的后面。

韩国学生出现这种错误，是受汉语的类推泛化的影响。汉语的"动词+动量补语"带宾语，宾语有的可以出现在补语的前面，如"你拉他一把""他打了我一拳"；有的只能出现在补语的后面，如"你敲一下门""请挪一下车"。正因为如此，韩国学生常常搞不清楚宾语的位置。

链接63

"动词＋动量补语"及带宾语的位置： [1]

1."动词＋动量补语"中的动词后面可以带"了""过"，但不能带"着"。例如：

① 他朝教室里看了一眼就走了。

② 这个电影她看过三遍。

2."动词＋动量补语"可以用"没"否定，但必须出现对比项，并且被否定的"动词+动量补语"中的数量必须大于对比项中的数量。例如：

① 我只看了一遍，没看两遍。

② 你只敲了两下，没敲三下。

假设句或疑问句也可以用"不"否定。例如：

① 你不看一眼，我就不走。

② 修改完了，不检查一遍？

③ 不敲一下门就进去？太不礼貌了吧？

3.宾语为表示事物的名词（短语），一般位于动量补语后面。例如：

① 进办公室以前，敲一下门。

② 这个字我不认识，我查一下字典。

4.宾语为表示人、处所的名词（短语），可以位于动量补语前，也可以位于动量补语后。例如：

① 该起床了，叫你弟弟一下。

　该起床了，叫一下你弟弟。

② 你去一趟上海，怎么样？

　你去上海一趟，怎么样？

---

[1]　参见杨德峰（2009）《对外汉语教学核心语法》，北京：北京大学出版社。

5. 宾语为代词, 一般位于动量补语前面。例如:

① 上课时, 她在下面说话, 老师看了**她一眼**, 她才不说了。

② 告诉**她们一下**, 明天不上课。

③ 老师找过**你们两次**, 可是你们都不在。

6. 量词为"拳、脚、把、巴掌、刀、枪"等, 宾语也只能位于动量补语前面。例如:

① 他打了**弟弟一拳**, 我也打了**他一拳**。

② 你踢了**他一脚**, 我也踢了**他一脚**。

③ 妹妹上不来, 拉**妹妹一把**!

七、"进行"的宾语错误

例句

误:

① *每天很多人结婚, 但很多人是**进行**离婚手续。

② *明天学校礼堂要**进行**毕业仪式。

③ *快看啊, 那边在**进行**跳绳。

④ *我大学三年级时参加了他的英美戏剧课, 他的课都**进行**看戏剧。

正:

⑤ 每天很多人结婚, 但很多人是**办**离婚手续。

⑥ 明天学校礼堂要**举行**毕业仪式。

⑦ 快看啊, 那边在跳绳。

⑧ 我大学三年级时参加了他的英美戏剧课, 他的课都看戏剧。

分析

"进行"(这样的动词还有"加以、给予、予以"等)的宾语为双音节动词(动词前面可以出现双音节形容词之类的定语), 而且动词后面不能再带宾语。例①"进行"的宾语"离婚手续"是名词短语，句子不成立，"进行"应改为"办"。例②"进行"的宾语"毕业仪式"也是名词短语，句子不成立，"进行"应改为"举行"。例③"进行"的宾语"跳绳"是动宾短语，句子不成立，应把"进行"删去。例④"进行"的宾语"看戏剧"也是动宾短语，句子同样不成立，应把"进行"删去。

韩国学生出现这种错误，是目的语类推泛化的结果。汉语的"进行"经常带双音节动词做宾语，如"进行交流""进行比赛""进行研究"等，受母语影响，韩国学生误以为"进行"可以带任何宾语，出现类推泛化。

链接64

"进行"的用法: [①]

1. "进行"的宾语为双音节动词（动词前如有修饰成分，也必须是双音节的），表示从事的活动。例如:

① 今天没有时间了，明天我们再继续**进行**讨论。

② 听说学校要对你们俩打架的事**进行**调查。

③ 比赛输了后，大家对输球的原因已经**进行**了认真的分析。

2. 主语表示从事的活动，一般为双音节名词，名词前可以有修饰成分。例如:

① 大会正在**进行**。

② 这项研究**进行**得很顺利。

3. 可带"了"，不能带"着"和"过"。例如:

① 同学们对这个问题**进行**了讨论。

---

① 参见吕叔湘（1999）《现代汉语八百词》（增订本），北京: 商务印书馆。

注意

1. 表示所从事的活动的词不能是单音节的。下面的说法都是错误的：

① *第三课明天我们**进行学**。

② *下个星期口语**进行考**。

2. 做"进行"的宾语的动词不能再带宾语，宾语应用"对"提前至"进行"前，或放在"进行"前做主语。例如：

① *现在大家**进行讨论**这个问题。

现在大家**对**这个问题**进行讨论**。

② *明天我们**进行练习**第三个动作。

明天**第三个动作**我们**进行练习**。

第四节　定语学习中常见的错误

一、误用"多"做定语

（一）误用"多"直接做定语

例句

误：

① *可他们平时成绩有**多**差异。

② ***多**游客来北京大学参观。

③ *老师每天给我们**多**作业。

④ *如果你在这里种**多**种子的话，几个月后能得到很多稻子。

正：

⑤ 可他们平时成绩有**很多**差异。

⑥ **很多**游客来北京大学参观。

⑦ 老师每天给我们**很多**作业。

⑧ 如果你在这里种**很多**种子的话，几个月后能得到很多稻子。

分析

形容词"多"不能单独做名词（短语）的定语。例①—④的"多"单独做名词"差异""游客""作业""种子"的定语，句子不成立，"多"应改为"很多"。

韩国语中，做定语的"多"是"많은"，可单独修饰名词（短语）。受母语影响，韩国学生常常用"多"直接修饰名词（短语）。

（二）误用"多 + 的"做定语

例句

误：

① *我们老师经验很丰富，而且有**多的**知识。

② *如果给我**多的**时间，我能做完。

③ *妈妈给孩子讲了**多的**故事。

④ *就像他们说的，我们的堂兄贪污**多的**钱。

正：

⑤ 我们老师经验很丰富，而且有**很多**知识。

⑥ 如果给我**很多**时间，我能做完。

⑦ 妈妈给孩子讲了**很多**故事。

⑧ 就像他们说的，我们的堂兄贪污**很多**钱。

分析

形容词"多"不能带"的"修饰名词，例①—④的"多"带"的"以后分别做"知识""时间""故事"和"钱"的定语，句子不成立，"多"

应改为"很多"，"的"也应删去。

韩国语中，"多"可直接修饰名词做定语，做定语的"多"是"많은"，直译为汉语是"多的"。受母语影响，韩国学生常常用"多的"修饰名词。

链接65

形容词"多""少"做定语的情况：[①]

1."多／少＋的＋数量（名）"，多用于对比。例如：

　　① **多的**一箱苹果给你吧，我要**少的**一箱。

　　② 你拿**多的**一袋，**少的**一袋给他吧。

　　③ 你能喝，你喝**多的**一杯，我喝**少的**一杯。

2."很多＋名词"。例如：

　　① 她家有**很多钱**，但是她还打工。

　　② 这个学期我们有**很多课**。

"很少"不能做名词的定语。下面的说法都不成立：

　　① *她家有**很少钱**。

　　② *这个学期我们有**很少课**。

3."很少＋数量（名）"。例如：

　　① 今天下大雪，班里只有**很少几个学生**。

　　② 瓶子里还有**很少一点儿酒**，我们喝了吧。

"很多"不能做数量（名）的定语。下面的说法都不成立：

　　① *今天下大雪，班里只有**很多几个学生**。

　　② *瓶子里还有**很多一些酒**。

4."不少＋名词"。例如：

　　① 在中国，我交了**不少朋友**。

---

①　参见杨德峰（2008）《日本人学汉语常见语法错误释疑》，北京：商务印书馆。

② 这个月我学了**不少汉字**。

"不多"不能做名词的定语。下面的说法都不成立：

① *在中国，我交了**不多朋友**。

② *这个月我学了**不多汉字**。

二、"的"的误用

（一）误加"的"

例句

误：

① *接着坐上出租车回到了家**的**门口。

② *在广州生活很难，因为我吃不了广东**的**菜。

③ *他**的**妈妈做菜很好。

④ *找对象**的**时，一定要有眼光。

正：

⑤ 接着坐上出租车回到了家门口。

⑥ 在广州生活很难，因为我吃不了广东菜。

⑦ 他妈妈做菜很好。

⑧ 找对象时，一定要有眼光。

分析

"家门口"具有熟语性，"家"和"门口"之间不能加上"的"，例①的"家"后有"的"，句子不成立，"的"应删去。"广东菜"是一个名词，例②的"广东"后带了"的"，句子不成立，"的"应删去。人称代词做定语，中心语是人的情况，一般不带"的"。例③中人称代词"他"做定语，中心语是"妈妈"，中间插入了"的"，句子不成立，"的"应该删去。名词"时"前出现定语时，定语后面不能带"的"。例④的"时"前出现了"的"，句子不成立，"的"应删去。

韩国语定语后一般有助词"의"（的），或者词尾"—（으）ㄴ，—는，—던，—（으）ㄹ"，如"家门口"韩国语为"집의 앞"，直译成汉语为"家的门口"；"广东菜"韩国语为"광둥의 요리"，直译成汉语为"广东的菜"；"他妈妈"韩国语是"그의 어머니"，直译成汉语是"他的妈妈"；"找对象时"韩国语为"결혼 상대를 찾을 때"，直译成汉语为"找对象的时"。受母语影响，韩国学生经常误加"的"。

（二）漏用"的"

例句

误：

①　*这个暑假时候，我要先回国。

②　*上课时候，他在玩手机。

③　*我人多时候很紧张。

④　*我看见很多中国人随便过马路时候，感到很奇怪。

正：

⑤　这个暑假的时候，我要先回国。

⑥　上课的时候，他在玩手机。

⑦　我人多的时候很紧张。

⑧　我看见很多中国人随便过马路的时候，感到很奇怪。

分析

名词"时候"前面出现名词性和动词性定语时，定语要带"的"。例①—④的"时候"前面都没有"的"，句子不成立，"时候"前都要加上"的"。

韩国学生出现这种错误，一是受汉语的影响。汉语的"的"用法非常复杂，有时可以不用，有时可用可不用，有时则必须使用。因此，韩国学生常常搞不清楚。二是受韩国语的影响。韩国语的"时候"前有时没有助词或词尾，如"暑假的时候"韩国语为"여름 방학 때"，没有助

词或词尾，直译成汉语是"暑假时候"。受母语影响，韩国学生有时候漏用"的"。

链接66

定语带"的"的情况：[①]

1. 名词

（1）表示职业、质料、功能、用途、产地等的名词做定语一般不带"的"。例如：

> ① 他是**汉语**老师。（"汉语老师"意思为"教汉语的老师"，"教汉语"是职业）
>
> ② 我想买一张**木头**桌子。（"木头"是质料）
>
> ③ 我吃过**北京**烤鸭。（"北京"是产地）

（2）表示领属义的名词做定语要带"的"。例如：

> ① 这是**老师的**书，不是你的。
>
> ② **哥哥的**脾气很好，**弟弟的**脾气不太好。
>
> ③ **别人的**经验对自己学习汉语有帮助。

（3）单音节方位名词做定语不带"的"，双音节方位名词做定语要带"的"。例如：

> ① 我睡**上**铺，你睡**下**铺。
>
> ② **里**屋和**外**屋一样大，你住哪间？
>
> ③ **后面的**人请都往前站。
>
> ④ 我住**南边的**房间，你住北边的。

2. 代词

（1）人称代词做定语，中心语表示人的，一般不带"的"；中心语表示事物的，要带"的"。例如：

---

① 参见杨德峰（2009）《对外汉语教学核心语法》，北京：北京大学出版社。

① **我**弟弟大学已经毕业了。

② **我们**老师是北京人。

③ 这是**他的**东西，不是我的。

④ **我们的**教室比你们的大。

(2) 指示代词做定语不带"的"。例如：

① **这**人我不认识，你认识吗？

② **这**班有点儿慢，我想去**那**班。

(3) 疑问代词做定语有的要带"的"，有的不能带"的"。一般情况下，"谁""怎么样"做定语要带"的"。例如：

① 这是**谁的**手机？

② 你的同屋是**怎么样的**人，你了解吗？

如果中心语是"一 + 量词 + 名词"，"怎么样"做定语一般不带"的"。例如：

① 你的同屋是**怎么样**一个人，你了解吗？

② 北大是**怎么样**一所大学，我当然知道。

以上各句中的"怎么样"也可以换成"怎么"。例如：

① 你的同屋是**怎么**一个人，你了解吗？

② 北大是**怎么**一所大学，我当然知道。

"什么"做定语不能带"的"。例如：

① 你找我有**什么**事情？

② 明天我们**什么**时候出发？

3. 形容词和形容词短语

(1) 单音节形容词做定语一般不带"的"。例如：

① 这是一本**好**书。

② **大**桌子卖完了，只有小的。

③ 我买了一部**新**手机。

为了突出或强调，有时也可以带"的"。例如：

① **大的**桌子卖完了，只有小的。

② 他今天开了一辆**新的**车。

(2) 双音节形容词和形容词短语修饰单音节名词要带"的"。例如：

① 我有**重要的**事想跟你谈一谈。

② 他是一个**伟大的**人。

③ 妈妈是一个**非常善良的**人。

双音节形容词修饰双音节名词，可以带"的"，也可以不带。例如：

① 圣诞节，我给女朋友买了一件**漂亮**衣服。

　 圣诞节，我给女朋友买了一件**漂亮的**衣服。

② 还有什么**重要**事情吗？

　 还有什么**重要的**事情吗？

③ 这个房间有点儿脏，请给我换一个**干净**房间。

　 这个房间有点儿脏，请给我换一个**干净的**房间。

(3) 形容词重叠式做定语要带"的"。例如：

① 他男朋友**高高的**个子，**大大的**眼睛，挺帅的。

② 孩子躺在**舒舒服服的**床上，一会儿就睡着了。

4. 动词和动词短语

(1) 动词和动词短语做定语一般要带"的"。例如：

① 这是**买的**衣服，不是我做的。

② 妈妈**包的**饺子很好吃。

③ **开车的**时候不能打手机。

(2) 双音节动词修饰双音节名词时，不会被误解为动宾关系的，动词后面一般不带"的"。例如：

① **学习**的时候一定要注意**学习**方法。

② 今天的**休息**时间只有一个小时。

5. 数词和数量短语

（1）百分数做定语一般带"的"。例如：

① 我们学校**百分之九十的**学生都是男生。

② 这次去中国留学有**百分之百的**希望。

（2）数量短语做定语一般不带"的"，带"的"时表示描写。例如：

① 这儿没有**一斤的**鱼，都是半斤以下的。（"一斤的鱼"意思为"一斤重的鱼"）

② 你真能吃，一个人吃了一个**三斤的**西瓜。（"三斤的西瓜"意思为"三斤重的西瓜"）

（3）数量重叠式有两种情况："一AA"式做定语不带"的"；"一A一A"式做定语要带"的"。例如：

① 教室外边放着**一排排**自行车。

② **一座座**青山，**一条条**河流，构成了一幅美丽的风景画。

③ 图书馆的书架上整整齐齐地摆放着**一本一本的**书。

（4）量词重叠式做定语不带"的"。例如：

① **条条**大路通罗马。

② 刚到七点半，**间间**教室都坐满了学习的学生。

6. 主谓短语

主谓短语做定语要带"的"。例如：

① 圣诞节快到了，我还没收到**家里寄来的**礼物。

② **妈妈做的**鱼非常好吃。

7. 介宾短语

介宾短语做定语要带"的"。例如：

① 感谢老师**对我的**帮助！

② 今天开会，请大家谈一谈**关于这件事的**一些看法。

三、"真 + 形容词"误做定语

例句

误：

① *这是一次**真难**的考试。

② *在这辆拥挤的汽车上，发生了一件**真不好**的事情。

③ *他买到了一件**真便宜**的衣服。

④ *他们用一块一块的石头建成一座庙，一点儿水泥都没放，是**真罕见**的事。

正：

⑤ 这是一次**非常难**的考试。

⑥ 在这辆拥挤的汽车上，发生了一件**非常不好**的事情。

⑦ 他买到了一件**非常便宜**的衣服。

⑧ 他们用一块一块的石头建成一座庙，一点儿水泥都没放，是**非常罕见**的事。

分析

副词"真"修饰形容词后只能做谓语，不能做定语。例①—④的"真难""真不好""真便宜""真罕见"都做了定语，句子不成立，应分别改为"非常难""非常不好""非常便宜"和"非常罕见"等。

韩国语中，副词"真"是"진짜"，修饰形容词以后可以充当定语，如"非常难的考试"韩国语可译为"진짜 어려운 시험"，直译成汉语为"真难的考试"；"非常不好的事情"韩国语可译为"진짜 나쁜 일"，直译成汉语为"真不好的事情"；"非常便宜的衣服"韩国语可译为"진짜 싼 옷"，直译成汉语为"真便宜的衣服"；"非常罕见的事"韩国语可译为"진짜 희소한 일"，直译成汉语为"真罕见的事"。受母语影响，韩国学生经常把"真"修饰形容词以后形成的结构用来做定语。

链接67

"副词 + 形容词" 做定语的情况: [1]

1. "副词 + 形容词" 大多可以做定语。例如:

① 去中国学习汉语, 是一件**非常好的**事情。

② **最大的**那个苹果给弟弟吧, 我吃小的。

③ 期中考试同学们取得了**比较好的**成绩。

2. 有些副词修饰形容词以后不能做定语, 下面的句子都不成立:

① *这些都是**几乎不认识的**汉字。

② *北京大学是一所**真好的**大学。

这样的副词常见的有 "必定、毕竟、并、不定、不妨、不料、不免、差点儿、凑巧、大约、到底、倒(是)、的确、反、反倒、反而、反正、果然、还、还是、好容易、好在、何必、几乎、简直、竟、竟然、居然、究竟、决、可、恐怕、明明、难道、怕、偏、偏偏、颇、其实、恰好、恰恰、千万、说不定、似乎、索性、万万、万一、未必、未免、幸好、幸亏、也许、约、真、正巧、只得、只好、只是、至多、至于、终究、终于、总算、最好" 等。

四、多项定语位置错误

例句

误:

① *他是**有经验的我们学校的**老师。

② ***难以回答的我们的**问题现在还没解决。

③ *但是有的时候我们**理解的知道的**事情不是真的。

④ ***不好看的一个聪明的**人比好看的十个人好。

---

[1]　参见杨德峰 (2009)《对外汉语教学核心语法》, 北京: 北京大学出版社。

正:

⑤ 他是**我们学校有经验的**老师。

⑥ **我们的难以回答的**问题现在还没解决。

⑦ 但是有的时候我们**知道的理解的**事情不是真的。

⑧ **一个不好看的**聪明人比**十个好看的**人好。

分析

汉语的多项定语中, 表示领属关系的应该放在最前面。例①中"我们学校的"放在了"有经验的"后面, 例②中"我们的"放在了"难以回答的"后面, 句子不成立, 应改为"我们学校有经验的"和"我们的难以回答的"。

汉语的多项定语信息量大的应该放前, 信息量小的应该放后。例③的"理解的"信息量比"知道的"信息量小, 但却放在了后者的前面, 句子不成立, 应改为"知道的理解的"。

数量定语一般位于形容词短语前面。例④的"不好看的"放在了数量定语"一个"前面, "好看的"放在了数量定语"十个"前面, 句子不成立, 应改为"一个不好看的"和"十个好看的"。

"我们学校有经验的老师"韩国语为"경험이 있는 우리 학교 선생님", 直译成汉语是"有经验的我们学校的老师";"我们的难以回答的问题"韩国语是"난감한 우리 질문", 直译成汉语是"难以回答的我们的问题";"我们知道的理解的事情"韩国语可译为"우리 이해하고 알고 있는 것", 直译成汉语是"我们理解的知道的事情";"一个不好看的聪明人"韩国语可译为"못 생긴 똑똑한 한 사람", 直译成汉语是"不好看的聪明的一个人"。受母语影响, 韩国学生经常出现多项定语语序错误。

链接68

多项定语的语序： [1]

多项定语分为并列关系的多项定语和递加关系的多项定语，不同性质的多项定语，出现的顺序有所不同。

1. 并列关系多项定语的顺序

并列关系的多项定语是指几个定语没有主次之分，它们是平等的关系。例如：

① 这些年，**城市、农村的**差距在逐渐缩小。

② 现在**白菜、黄瓜、胡萝卜的**价格差不多。

例①的"城市""农村"是并列关系，一起做"差距"的定语；例②的"白菜""黄瓜""胡萝卜"也是并列关系，一起做"价格"的定语。

（1）并列关系多项定语中的连词

并列关系多项定语如果是名词（短语）或动词（短语），一般在最后两项之间用"和""或""以及"等连接，前几项之间用"、"隔开。例如：

① 他期中考试**和**期末考试的成绩都不错。

② 躺着**或**走路的时候最好不要看书，对眼睛不好。

③ 这几天气温变化很大，前天、昨天**和**今天的温度差别很大。

（2）并列关系多项定语的顺序

并列关系多项定语的顺序常常受到逻辑等因素的制约，一般情况下，按照下列顺序排列。

---

① 参见刘月华、潘文娱、故韡（2001）《实用现代汉语语法》（增订本），北京：商务印书馆。

A. 先尊后卑。

　① 家长、学生的意见都要听一听。

　② 这个活动很重要，学校、学院的领导都来了。

　③ 这次比赛，冠军、亚军的奖金差别很大。

B. 先远后近。

　① 她男朋友是一个高大、英俊的小伙子。

　② 我住的是一栋很高、黄色的楼。

C. 先外部后内部。

　① 妹妹是个漂亮、善良的姑娘。

　② 我家的房子是一栋三层、有十几个房间的别墅。

D. 先主后次。

　① 作为学生，一定要安排好学习和打工的时间。

　② 工作、休息的时间都要安排好。

E. 发生时间的先后。

　① 预习、学习的时间都不够。

　② 这个公司管理很严，上班、下班的时候都要打卡。

(3) 并列关系多项定语与"的"

并列关系多项定语一般最后一项后面带"的"。例如：

　① 快乐、紧张的一个学期就要结束了。

　② 在中国留学的时候，得到了老师、同学的很多帮助，非常感谢。

　③ 现在电脑、手机的价格差不多。

但是有时候为了突出定语，每项后面也可以都带"的"。例如：

　① 为了健康，好吃的、不好吃的东西都要吃。

　② 中华民族是一个勤劳的、勇敢的民族。

2.递加关系多项定语的顺序

递加关系多项定语是指各项定语之间没有直接的关系，它们依次修饰后面的成分。递加关系多项定语之间不能有停顿。例如：

① 那个穿羽绒服的男孩是谁家的孩子？

② 我买了一本汉韩词典。

递加关系多项定语的顺序十分复杂，大致顺序如下：

A. 表示领属关系的名词（短语）或代词

B. 表示时间或处所的名词（短语）

C. 指示代词

D. 数量短语

E. 主谓短语、动词（短语）、介宾短语

F. 形容词（短语）

G.不带"的"的形容词和描写性名词

例如：

① 那本书我丢了。

   C D

② 刘老师是我们汉语老师。

        A   G

③ 一月是一年中最冷的时候。

        B   F

④ 找一个妈妈不在家的周末，你们来我家吧。

    D   E

⑤ 那个个子不高的男学生是新来的。

  C D   E   G

值得注意的是,有时会出现多个不带"的"的形容词或描写性名词,它们的顺序大致为:

时间性的 + 体积性的 + 颜色性的 + 形体性的 + 质地性的 + 中心语

　[1]　　　　[2]　　　　[3]　　　　[4]　　　　[5]

① 我的那件<u>新丝绸</u>衣服丢了。

　　　　　　[1] [5]

② 那张<u>大圆</u>桌已经被别人预订了。

　　　　　　[2][4]

③ 我买了一台<u>黑色液晶</u>电视机。

　　　　　　[3]　[5]

第五节　状语学习中常见的错误

一、状语位置错误

(一)介宾状语位置错误

例句

误:

① *他们玩完后,就睡觉了**像昨天一样**。

② *他在中国学习了五年,喜欢喝茶**像中国人一样**。

③ *周末**在宿舍**他玩了一天。

④ *一天,儿子和女儿去学校的时候,**在家里**妈妈打扫房间。

正:

⑤ 他们玩完后,就**像昨天一样**睡觉了。

⑥ 他在中国学习了五年,**像中国人一样**喜欢喝茶。

⑦ 周末他**在宿舍**玩了一天。

⑧ 一天，儿子和女儿去学校的时候，妈妈**在家里**打扫房间。

分析

"像……一样"只能放在谓语动词前面。例①的"像昨天一样"放在了动词"睡觉"后面，例②的"像中国人一样"放在了动词短语"喜欢喝茶"后面，句子不成立，"像昨天一样"应放在"睡觉"前面，"像中国人一样"应放在"喜欢喝茶"前面。

表示行为、动作发生的处所的"在 + 名词"只能放在谓语动词前。例③的"在宿舍"是"玩"的处所，但放在了主语"他"的前面，例④的"在家里"是"打扫"的处所，但放在了主语"妈妈"前，句子不成立，"在宿舍"应放在"玩"前，"在家里"应放在"打扫"前。

韩国学生出现这种错误，一是受韩国语状语位置灵活的影响。韩国语状语不一定非要在主语后，也可以在主语前，口语中，还可以放在句尾。"就像昨天一样睡觉了"韩国语可以译为"바로 잠을 잤다 어제처럼"，译成汉语是"就睡觉了像昨天一样"；"像中国人一样喜欢喝茶"韩国语可以译为"차를 좋아한다 중국인처럼"，直译成汉语是"喜欢喝茶像中国人一样"；"他在宿舍玩了一天"韩国语可以译为"기숙사에서 그는 하루를 놀았다"，直译成汉语是"在宿舍他玩了一天"；"妈妈在家里打扫房间"韩国语可以译为"집에서 엄마는 방을 청소한다"，直译成汉语是"在家里妈妈打扫房间"。受母语影响，韩国学生经常把汉语的介宾状语位置搞错。二是受英语的影响。英语介宾结构通常放在句尾，很多韩国学生认为汉英语法有很多相似之处，受此影响，他们容易把汉语的介宾结构放在句尾。

（二）副词状语位置错误

例句

误：

① *才现在给你们写信。

② *又他们回来了。

③ *还他在超市买了牛奶。

④ *她性格外向，常常她很容易笑。

正：

⑤ 现在才给你们写信。

⑥ 他们又回来了。

⑦ 他还在超市买了牛奶。

⑧ 她性格外向，她常常很容易笑。

分析

时间副词"才""又""还""常常"做状语，只能放在主语后面。例①的"才"、例②的"又"、例③的"还"、例④的"常常"都放在了主语前面，句子不成立，"才"应放在"现在"的后面，"又"应放在"他们"的后面，"还"应放在"他"的后面，"常常"应放在"她"的后面。

韩国学生出现这种错误，一是受韩国语的影响。韩国语副词的位置比较灵活。汉语的"才""又""还""常常"的韩国语分别为"겨우""다시""여전히""항상"，这几个副词既可以放在主语前，也可以放在动词前。受母语影响，韩国学生常常把汉语的副词放在主语前。二是受汉语的影响。汉语有些副词，像语气副词，有的既可以放在主语前，也可以放在主语后、动词前，因此，韩国学生以为汉语的副词都可以放在主语前。

（三）"把"字句中状语位置错误

例句

误：

① *妈妈把那些东西生气地扔在垃圾箱里。

② *她把衣服才洗完。

③ *我**把**作业**仅仅**做了，作文还没写。

④ *可惜的是，虽然人们知道珍惜东西的重要性，可**把**它**只**挂在嘴边，不为它做出努力，如果这样下去的话，等待我们的只能是绝望。

正：

⑤ 妈妈**生气地把**那些东西扔在垃圾箱里。

⑥ 她**才把**衣服洗完。

⑦ 我**仅仅把**作业做了，作文还没写。

⑧ 可惜的是，虽然人们知道珍惜东西的重要性，可**只把**它挂在嘴边，不为它做出努力，如果这样下去的话，等待我们的只能是绝望。

分析

"把"字句中，状语一般放在"把"的前面。例①的状语"生气"、例②的状语"才"、例③的状语"仅仅"、例④的状语"只"等都放在了动词前面，句子不成立，"生气""才""仅仅"和"只"都应放在"把"前面。

韩国学生出现这种错误，一是受韩国语的影响。韩国语中没有"把"字句，因此，韩国学生容易在"把"字句中按照正常语序把状语放在谓语动词前，而出现状语位置错误。二是受汉语的影响。汉语的"把"字句，一部分状语可以出现在"把"字结构的后面、谓语动词的前面，受此影响，韩国学生误以为所有状语都可以出现在"把"字结构的后面、谓语动词的前面。

链接69

"把"字句中状语的位置：[1]

---

[1]　参见杨德峰（2009）《对外汉语教学核心语法》，北京：北京大学出版社。

1. 一般情况下状语位于 "把" 字前。例如:

① 我**大概**把手机忘在宾馆里了。

② 你**赶快**把车开回去, 妈妈等着用呢!

③ 这次旅游, 我**没**把带的钱花完。

④ 坐车的时候, **别把**头伸出窗外!

⑤ **不要把**垃圾扔在地上。

2. 表示方向、路径或描写行为、动作的状语放在谓语动词前。例如:

① 请您把椅子**往前**挪一点儿, 好吗?

② 我把钥匙**从窗户**扔下去, 你不用上来取。

③ 他把灯**一**关, 就离开了教室。

注意

否定副词只能位于 "把" 字前。下面的说法都是错误的:

① *昨天你把钱**没**还给我。

② *坐车的时候, **把**钱包**别**放在裤子后面的口袋里。

二、状语后 "地" 的漏用

例句

误:

① *两个孩子把玩具放在房间里**很轻松**离开了房间。

② *他们一直**很认真**在宿舍做作业。

③ *老师**满意**看着这篇作文。

④ *妈妈**诧异**进房间一看, 地上到处都是玩具。

正:

⑤ 两个孩子把玩具放在房间里**很轻松地**离开了房间。

⑥ 他们一直**很认真地**在宿舍做作业。

⑦ 老师**满意地**看着这篇作文。

⑧ 妈妈**诧异地**进房间一看，地上到处都是玩具。

分析

"副词 + 形容词"做状语要带"地"。例①的"很轻松"、例②的"很认真"做状语都没带"地"，句子不成立，应在"很轻松"和"很认真"后面加上"地"。

形容词做状语，如果形容词的语义指向主语，形容词后面必须带"地"。例③的"满意"的语义指向主语"老师"，例④的"诧异"的语义指向主语"妈妈"，但没带"地"，句子不成立，应在"满意"和"诧异"后加上"地"。

韩国学生出现这种错误，是受汉语的影响。汉语形容词做状语带"地"很复杂，有的不带"地"，有的带不带都可以，有的必须带。正因为这样，韩国学生常常搞不清楚，该用"地"的时候却没有用。

链接70

状语带"地"的情况：[①]

1. 形容词

(1) 单音节形容词做状语不带"地"。例如：

① 你**快**回去吧，你妈到处找你呢！

② 你一定要**多**看、**多**说、**多**记，这样才能学好汉语！

③ 开车的时候不能**急**停车。

(2) 双音节形容词做状语，语义指向主语的，要带"地"。例如：

① 弟弟**生气地**说："我再也不跟你玩了。"

② 昨天朋友去我家，妈妈**热情地**招待了他们。

---

① 参见杨德峰（2009）《对外汉语教学核心语法》，北京：北京大学出版社。

③ 孩子摔倒后，**痛苦地**哭了起来。

语义指向谓语动词的，一般不带"地"。例如：

① 我们班的同学都**努力**学习汉语。

② 那件事**彻底**解决了，你不用担心。

(3) 形容词重叠式带不带"地"都可以。例如：

① **慢慢**(地)说，别着急!

② 今天有考试，同学们**早早**(地)来到了学校。

③ 昨天晚上我**舒舒服服**(地)洗了一个澡就睡了。

④ 希望你们**平平安安**(地)去，**平平安安**(地)回来。

不过，带"地"以后有突出或强调的意味。例如：

① 你把杯子**轻轻**放在桌子上。

　 你把杯子**轻轻地**放在桌子上。

2. 副词

(1) 单音节副词做状语不带"地"。例如：

① 我**在**看书呢。

② 今天怎么**又**考试？

③ 这儿太美了，明年我**还**来这儿。

(2) 双音节副词绝大多数不带"地"。例如：

① 他**经常**不做作业。

② 这件事我**其实**也不知道。

③ 天快黑了，咱们**赶快**回学校吧。

(3) 有些双音节副词带不带"地"都可以。例如：

① 火车**缓缓**(地)进站了。

② 你这么想，我也**暗暗**(地)这么想。

③ 进入七月以后，天**更加**(地)热了。

不过，这种副词不多，常用的有"暗暗、不断、不住、大力、大肆、分别、胡乱、缓缓、极力、渐渐、尽量、来回、连连、默默、悄悄、日益、随意、特意、偷偷、逐步、逐渐、及早、尽快、偶尔、永远、格外、更加、极度、略微、稍微、十分、简直、偏偏、常常、多么、反复、一再、再三"等。

应该注意的是，带不带"地"意思有些不同，带"地"有突出副词的作用，不带"地"没有这种作用。例如：

① 上课的时候，他**偷偷**出去了。

上课的时候，他**偷偷地**出去了。

3. 动词（短语）

描写行为、动作者的动词，做状语要带"地"。例如：

① 雨还在**不停地**下着，咱们怎么回去啊？

描写谓语动词的，做状语可以带"地"，也可以不带。例如：

① 我忙着呢，你别在这儿**来回**（**地**）走好不好？

动词短语做状语，不管是描写行为、动作者的还是描写动词的，一般要带"地"。例如：

① 这次谈判，我们**有条件地**接受了他们的建议。

② 他不走，大家**连推带拉地**把他弄回了家。

4. 数量（短语）

（1）数量短语做状语，不带"地"。例如：

① 弟弟**一脚**把球踢进了球门。

② 一进门，就**一把**把我抱起来，不停地亲我。

③ 他能**一口**吃一个鸡蛋。

（2）数量重叠式做状语，可带"地"，也可不带。例如：

① 天**一天一天**（**地**）热起来了。

② 饭要**一口一口**（**地**）吃，不能着急。

③ 大家**一个个**（**地**）往里走，别挤。

④ 服务员**一趟趟**（**地**）给客人送饭菜，很辛苦。

5. 象声词

(1) 单音节象声词做状语要带"地"。例如：

① 他**砰地**把门关上了。

② 弟弟坐在地上，**哇地**哭了起来。

(2) 双音节、多音节象声词做状语可以带"地"，也可以不带。例如：

① 水龙头没关好，水在**哗哗（地）**流着。

② 同学们听了这个笑话以后，都**哈哈（地）**笑了起来。

③ 外边**轰隆隆（地）**打着雷，要下雨了，别出去。

6. 介宾短语

介宾短语做状语不能带"地"。例如：

① 老师**对我们**非常好。

② 书**在桌子上**放着呢，你没看见吗？

7. 固定短语

固定短语做状语可以带"地"，也可以不带。例如：

① 弟弟想看电视，**马马虎虎（地）**把作业做完了。

② 大家一到上海，又**马不停蹄（地）**赶到机场，坐飞机去北京。

三、多项状语位置错误

例句

误：

① *管理员**在门口已经**等我们了。

② *老师**对我们经常**说："每天都要复习复习。"

③ *她**和我不**见面。

④ *你**跟我没**说那样的话。

正：

⑤ 管理员**已经在门口**等我们了。

⑥ 老师**经常对我们**说："每天都要复习复习。"

⑦ 她**不和我**见面。

⑧ 你**没跟我**说那样的话。

分析

时间副词状语和介宾结构状语共现时,时间副词应放在介宾结构的前面。例①的时间副词"已经"放在了介宾结构"在门口"的后面,例②的时间副词"经常"放在了介宾结构"对我们"的后面,句子不成立,"已经"应放在"在门口"前,"经常"应放在"对我们"前。

否定副词和介宾结构共现时,否定副词应放在介宾结构的前面。例③的否定副词"不"放在了介宾结构"和我"的后面,例④的否定副词"没"放在了介宾结构"跟我"的后面,句子不成立,"不""没"应分别放在"和我"和"跟我"前面。

韩国语的状语位置比较灵活。比如"你没跟我说那样的话"韩国语为"너는 나에게 이런 말을 하지 않았다",直译成汉语是"你跟我没说这样的话"。受母语影响,韩国学生易出现状语位置错误。

链接71

多项状语的顺序: [1]

1. 并列关系多项状语的顺序

并列关系多项状语是指多项状语没有主次之分,它们联合起来共同修饰或限制同一个中心语。例如:

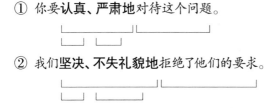

① 你要**认真、严肃地**对待这个问题。

② 我们**坚决、不失礼貌地**拒绝了他们的要求。

---

[1]　参见刘月华、潘文娱、故韡(2001)《实用现代汉语语法》(增订本),北京:商务印书馆。

(1) 并列关系多项状语之间一般用"、"隔开，状语后面如果用"地"，"地"多用在最后一项状语后面。例如：

① **慢慢、轻轻地**把电视放在桌子上，千万别磕了。

② 老师**毫无保留、心甘情愿地**把自己学习语言的经验告诉了同学们。

(2) 如果突出多项状语，也可以每项后面都用"地"。例如：

① 老师**毫无保留地、心甘情愿地**把自己学习语言的经验告诉了同学们。

(3) 并列关系多项状语的顺序相对自由一些。例如：

① 会上校长**耐心、诚恳地**听取了同学们的意见和建议。

会上校长**诚恳、耐心地**听取了同学们的意见和建议。

② 我对**自己的学生、对别人的学生**一样好。

我对**别人的学生、对自己的学生**一样好。

2. 递加关系多项状语的顺序

递加关系多项状语是指多项状语依次修饰其后的谓语部分，这些状语没有主次之分。例如：

① 弟弟**又把电脑**打开。

② 你们俩**不一起**走吗？

③ 昨天的作业大家**都不会**做。

④ 现在八点，他们**大概还没**起床。

递加关系多项状语的顺序很复杂,大致顺序如下:

　　A. 表示语气、关联的

　　B. 表示时间的

　　C. 表示范围、否定的

　　D. 描写行为、动作者的

　　E. 表示目的、依据、协同的

　　F. 表示处所、方向、路线的

　　G.表示对象的

　　H.描写行为、动作的

例如:

① 他们**毕竟都**是孩子。

　　　　　　A　C

② 这道题我**又不**知道怎么做了。

　　　　　　　B C

③ 弟弟**也又把汉语书**弄丢了。

　　　　A B　　G

④ 我们**一定根据学校规定对这件事**做出严肃的处理。

　　　　A　　　E　　　　G

⑤ 你的车可不可以**再往前稍微**挪一挪?

　　　　　　B F　H

注意

　　以上顺序只是一种倾向,不是绝对的,有时候为了强调或突出某个状语,位置也可以发生变动,主要有以下几种情况。

　　1. 表示行为、动作者所在处所的“在 + 名词”“从 + 名词”也可以放在描写行为、动作者的前面。例如:

① 昨天我**舒舒服服在家**休息了一天。
　　　　　　　D　　F

昨天我**在家舒舒服服**休息了一天。
　　　　　F　　D

② 考完试以后，同学们都**不安地从学校**回到了家里。
　　　　　　　　　　　D　　　F

考完试以后，同学们都**从学校不安地**回到了家里。
　　　　　　　　　　F　　　D

2. 描写行为、动作的也可以放在表示处所、方向、路线的前面。例如：

① 老师在黑板上写字的时候，有一个学生**从教室偷偷地**出去了，老师根本没发现。　　　　　　　　F　　H

老师在黑板上写字的时候，有一个学生**偷偷地从教室**出去了，老师根本没发现。　　　　　　　H　　F

② 大家排着队，**往前一点一点地**走。
　　　　　　　F　　　H

大家排着队，**一点一点地往前**走。
　　　　　　　H　　F

3. 关联副词"也"可以位于表示对象的状语之后。例如：

① 弟弟**也对这件事**不满意。
　　　　A　　G

② 弟弟**对这件事也**不满意。
　　　　G　　A

4. 描写行为、动作的状语同时出现时，一般音节多的在前。例如：

① 到了北京以后, 就**马不停蹄地直**飞上海。

② 做完题以后, 一定要**一遍一遍地认真地**检查。

5. 表示范围的状语也可以在表示否定的状语后面, 但意思不同。例如:

① 我们**全不**知道这件事。

我们**不全**知道这件事。

② 我们**都不**是留学生。

我们**不都**是留学生。

例①的"我们全不知道这件事"是说"我们每个人都不知道这件事";而"我们不全知道这件事"是说"我们中的部分人知道"。例②的"我们都不是留学生"是说"我们每个人都不是留学生";而"我们不都是留学生"是说"我们中的部分人是留学生"。

第六节　补语学习中常见的错误

一、结果补语使用中的错误

（一）结果补语前缺少谓语动词

例句

误:

① *教室里**满**了人。

② *他从楼梯上**倒**了。

③ *他的思想没**成**好的思想。

④ *现在的流行歌曲过一段时间后**成**过时的。

正:

⑤ 教室里**坐满**了人。

⑥ 他从楼梯上**摔倒**了。

⑦ 他的思想没**变成**好的思想。

⑧ 现在的流行歌曲过一段时间后**变成**过时的。

分析

例①的"满"表示的是结果,是形容词,不能带宾语,但却带了宾语"人",句子不成立,"满"前加上动词"坐","坐满"就可以带宾语了。例②的"倒"表示的是动作的结果,前面缺少谓语动词,句子不成立,"倒"前面应加上谓语动词"摔"。例③、例④的"成"都表示结果,前面都缺少谓语动词,句子不成立,"成"前应加上谓语动词"变"。

韩国学生出现这种错误,是因为母语的负迁移。"教室里坐满了人"韩国语为"교실에 사람들이 가득 찬다",直译成汉语是"教室里人充满了"。"他从楼梯上摔倒了"韩国语为"그는 계단에서 쓰러졌다",直译成汉语是"他从楼梯上倒了"。动词"变成"韩国语为"되다",但是这个词在韩国语中也有"成"的意思。受母语影响,韩国学生使用汉语时常常出现结果补语前缺少动词的情况。

(二)谓语动词后缺少结果补语

例句

误:

① *我从小到现在,一直在城市里**长**了。

② *他**看**这本书,终于明白了。

③ *闻名全球的美国猫王的流行歌曲**迷**了那个时代的年轻人。

④ *虽然现在没有朋友,但是一定能**找**很多朋友。

正:

⑤ 我从小到现在,一直在城市里**长大**。

⑥ 他**看完**这本书, 终于明白了。

⑦ 闻名全球的美国猫王的流行歌曲**迷住**了那个时代的年轻人。

⑧ 虽然现在没有朋友, 但是一定能**找到**很多朋友。

分析

汉语动词后经常带上动词或形容词表示动作的结果。例①的"长"、例②的"看"、例③的"迷"、例④的"找"后面都缺少表示结果的动词或形容词, 句子不成立。例①的"长"后应加上"大", 例②的"看"后应加上"完", 例③的"迷"后应加上"住", 例④的"找"后应加上"到"。

韩国语中没有动补结构, 谓语动词后没有补语。如"长大"韩国语为"자라다", 直译成汉语就是"长";"看完"韩国语为"보았다", 直译成汉语就是"看+过去时";"迷住"韩国语为"호리다", 直译成汉语就是"迷";"找到"韩国语为"찾았다", 直译成汉语是"找+过去时"。受母语影响, 韩国学生使用汉语时常常出现谓语动词后缺少结果补语的情况。

（三）"动词 + 结果补语"否定错误

例句

误:

① *他**写不完**作业就出门了。

② *因为没有注意, **看不到**前面没有路。

③ *他来晚了, **吃不到**好吃的饺子。

④ *那些歌词我**不听懂**。

正:

⑤ 他**没写完**作业就出门了。

⑥ 因为没有注意, **没看到**前面没有路。

⑦ 他来晚了, **没吃到**好吃的饺子。

⑧ 那些歌词我**没听懂**。

分析

"动词+结果补语"的否定是在动词前加上否定副词"没"或"不""别"等；动作已经完成的否定用"没"，动作将来发生的用"不""别"等。例①—③都表示已经完成的动作，但却在补语前用了否定词"不"，句子不成立，"不"应删去。例①应在"写"前加上"没"，例②应在"看"前加上"没"，例③应在"吃"前加上"没"。例④也是已经完成的动作，却在谓语动词前用了"不"，句子也不成立，"不"应改为"没"。

韩国学生出现这种错误，一是受汉语的影响。汉语中既有"动词 + 不 + 完"，也有"没 + 动词 + 完"之类的结构，这两种结构韩国学生常常搞不清楚。二是受韩国语的影响。汉语的"动词 + 不 + 完"和"没 + 动词 + 完"韩国语都一样。汉语的"没写完"韩国语为"쓰지 못했다"，可直译成汉语"写不完"。汉语的"没看到"韩国语为"보이지 못했다"，可直译成汉语"看不到"。汉语的"没吃到"韩国语为"먹지 못했다"，可直译成汉语"吃不到"。汉语的"没听懂"韩国语为"알아들을 수가 없다"，直译成汉语是"不能听懂"。受母语影响，韩国学生经常"没""不"混淆。

（四）"动词 + 结果补语"误带宾语

例句

误：

① *我买贵了**这个花瓶**。

② *他洗干净了**这件衣服**。

③ *她准备好了**考试**。

④ *我们早上吃饱了**饭**。

正：

⑤ **这个花瓶**我买贵了。

⑥ **这件衣服**他洗干净了。

⑦ **考试**她准备好了。

⑧ **我们**早上吃饱了。

分析

"动词＋结果补语"有的可以带宾语，有的不行。例①的"买贵"、例②的"洗干净"、例③的"准备好"都是不及物结构，不能带宾语，但却带了宾语，句子不成立，"这个花瓶"应放在"我"前，"这件衣服"应放在"他"前，"考试"应放在"她"前。例④"吃饱"虽然是一个及物结构，但宾语一般是"肚子"，例④的宾语为"饭"，句子不成立，"饭"应删去。

韩国语中没有"动词＋结果补语"结构，补语都是由副词来承担。"这个花瓶买贵了"韩国语为"이 꽃병을 비싸게 샀다"，译成汉语是"贵地买了这个花瓶"；"这件衣服洗干净了"韩国语为"이 옷을 깨끗이 씻었다"，译成汉语是"干净地洗了这件衣服"；"考试准备好了"韩国语为"시험을 잘 준비했다"，译成汉语是"好地准备了考试"；"吃饱了饭"韩国语为"밥을 든든히 먹었다"，译成汉语是"结结实实地吃了饭"。受母语影响，韩国学生误以为"动词＋结果补语"也是及物动词，可以带宾语。

二、趋向补语使用中的错误

（一）"动词＋来／去"中宾语的位置错误

例句

误：

① *过几天进去**城**了解北京的情况。

　② *他进来**教室**，看见了王老师。

　③ *新年我回去**韩国**。

　④ *咱们上去**楼**吧。

正：

　⑤ 过几天进**城**去了解北京的情况。

　⑥ 他进**教室**来，看见了王老师。

　⑦ 新年我回**韩国**去。

　⑧ 咱们上**楼**去吧。

分析

宾语为表示处所的词语时，只能放在"动词 + 来 / 去"中的动词和"来""去"之间。例①—④的宾语都是处所词，但却放在了"来""去"的后面，句子不成立，这些宾语都应该放在"来""去"的前面。

韩国学生出现这种错误，主要是受韩国语的影响。"进城去"韩国语为"시내에 들어가다"，直译成汉语是"城进去"；"进教室来"韩国语为"교실로 들어오다"，直译成汉语是"教室进来"；"回韩国去"韩国语为"한국에 되돌아가다"，直译成汉语是"韩国回去"；"上楼去"韩国语为"위층에 올라가다"，直译成汉语是"楼上去"。也就是说，韩国语中"来""去"作为辅助动词（보조동사），在句子中与前面的动词于形态上合二为一，中间不能插入宾语。受此影响，韩国学生使用带趋向补语的动词时，表示处所的宾语的位置经常出错。

链接72

"动词+简单趋向补语"带宾语的位置： [①]

1. 动词 + 简单趋向补语 + 宾语

（1）补语为"来""去"，宾语一般为数量（名）短语。例如：

---

① 参见杨德峰（2009）《对外汉语教学核心语法》，北京：北京大学出版社。

① 昨天, 妈妈给我寄**来几件冬天的衣服**。

② 中秋节, 我的邻居给我送**来几块月饼**。

（2）一些抽象名词, 像"好处、问候、希望、失望、实惠、祝福"等, 也可以位于"来""去"的后面。例如:

① 改革开放给我们带**来了好处**。

② 刘老师给我们带**来了校长的问候**。

③ 修公路给当地的农民带**来了实惠**。

④ 春节的时候, 演员们为山里的孩子带**去了节日的祝福**。

（3）补语为"来""去"以外的趋向补语, "动词 + 简单趋向补语 + 宾语"中的宾语一般没有什么限制。例如:

① 孩子爬**上树**了, 你赶快去看一下。

② 你把我的钥匙扔**下楼**吧。

③ 他的自行车丢了, 他是从学校跑**回家**的。

④ 天太热, 他脱**下了一件衣服**。

2. 动词 + 宾语 + 简单趋向补语

补语为"来""去", 宾语可以是处所词、一般名词, 也可以是数量（名）短语。例如:

① 大家都回**家去**吧! （"家"为处所词）

② 老师上**楼去**了。（"楼"为处所词）

③ 我们进**教室去**吧, 外边太冷! （"教室"为处所词）

④ 明天有个晚会, 大家可以带**朋友来**。（"朋友"为一般名词）

⑤ 我去买**一点儿吃的来**! （"一点儿吃的"为数量名短语）

（二）趋向补语错误

例句

误:

① *东郭先生从口袋里把书拿**下来**, 把狼放在口袋里。

② *考试准备**下来**。

③ *他们有个问题，两个人讨论**下来**。

④ *我的朋友把自行车往左边转的时候，跟一个中国人冲突**下来**。

正：

⑤ 东郭先生从口袋里把书拿**出来**，把狼放在口袋里。

⑥ 考试准备**完了**。

⑦ 他们有个问题，两个人讨论**起来**。

⑧ 我的朋友把自行车往左边转的时候，跟一个中国人冲突**起来**。

分析

"下来"表示动作由高向低朝着说话人移动。例①的"书"不是从高向低移动，而是由里向外移动，但却用了"下来"，句子不成立，"下来"应改为"出来"。"下来"虽然可以表示动作的完成，但一般与"记录、录、停、停止"等动词搭配。例②的"准备"后面出现了趋向补语"下来"，句子不成立，"下来"应改为"完了"。"下来"用在动词后可以表示动作完成或从过去持续到现在。例③、例④的"讨论"和"冲突"是现在开始并持续的，与"下来"意思不符，句子不成立，"下来"应改为"起来"。

韩国学生出现这种错误，是受韩国语的影响。"拿出来"韩国语为"내 놓다"，直译成汉语是"拿放下"。"准备完了"韩国语为"준비해 놓다"，直译成汉语是"准备下来"。"讨论起来"韩国语为"토론을 해 두다"，直译成汉语为"讨论下来"。"冲突起来"韩国语为"몸 싸움을 해 두다"，直译成汉语是"冲突下来"。受母语影响，韩国学生经常误用"下来"。

（三）"动词 + 复合趋向补语"中宾语的位置错误

例句

误：

① *我们走回去北大。

② *最后他写出来**答案**了。

③ *神仙从五只羊嘴里拿下来**稻穗**。

④ *出发以前，我拿出来**词典**，写上说明。

正：

⑤ 我们走回**北大**去。

⑥ 最后他写出**答案**来了。

⑦ 神仙从五只羊嘴里拿下**稻穗**来。

⑧ 出发以前，我拿出**词典**来，写上说明。

分析

名词（短语）做宾语只能放在复合趋向补语"出来、出去、进来、进去、过来、过去、上来、上去、下来、下去、回来、回去、起来"等之间，不能放在它们后面。例①—④的宾语都是名词（短语），但放在了"回去""出来""下来""出来"的后面，句子不成立，这些宾语应该放在复合趋向补语之间。

韩国学生出现这种错误，是受韩国语的影响。"走回北大去"韩国语为"북경대에 걸어서 돌아갔다"，直译成汉语是"北大走回去"；"写出答案来"韩国语为"답을 써냈다"，直译成汉语是"答案写出来"；"拿下稻穗来"韩国语为"벼 이삭을 따냈다"，直译成汉语是"稻穗拿下来"；"拿出词典来"韩国语为"사전을 내놓았다"，直译成汉语是"词典拿出来"。"动词+复合趋向补语"对应到韩国语中时，形态上为一个整体，中间不能插入宾语。受母语影响，韩国学生常把名词（短语）宾语的位置放错。

链接73

"动词+复合趋向补语"带宾语的位置：①

1. 动词 + 复合趋向补语 + 宾语

"动词 + 复合趋向补语 + 宾语"中的宾语一般为数量（名）。例如：

① 上个星期，妈妈给我寄过来**一些衣服**。

② 圣诞节我给弟弟寄回去**一个小礼物**。

③ 你看，前面的汽车上掉下来**一箱苹果**。

2. 动词 + 简单趋向补语 + 宾语 + 来 / 去

"动词 + 简单趋向补语 + 宾语 + 来 / 去"中的宾语可以为数量（名），也可以为处所词、一般名词。例如：

① 如果太热，你就脱下**一件衣服**来。（"一件衣服"是数量名）

② 圣诞节我飞回**韩国**去。（"韩国"是处所词）

③ 孩子跑回**家**去了，你回家看看吧。（"家"是处所词）

④ 他说起**话**来没完没了。（"话"是一般名词）

3. 把 + 宾语 + 动词 + 复合趋向补语

"把 + 宾语 + 动词 + 复合趋向补语"中的宾语一般是定指的，即是说话人和听话人都知道的。例如：

① 大家把**书**拿出来，我们上课。（说话人和听话人都知道是哪本书）

② 你把**钱**还回去。（说话人和听话人都知道是什么钱）

③ 明天把**作业**带过来。（说话人和听话人都知道是什么作业）

（四）误把表示引申义的复合趋向补语做动词使用

例句

误：

---

① 参见杨德峰（2009）《对外汉语教学核心语法》，北京：北京大学出版社。

① *冬天**起来**冷。

② *他一到公司就**起来**工作。

③ *我们上的电梯向下**起来**。

④ *说完以后老人一看马克就好奇心**起来**。

正:

⑤ 冬天**开始**冷。

⑥ 他一到公司就**开始**工作。

⑦ 我们上的电梯向下**运动**。

⑧ 说完以后老人一看马克就好奇**起来**。

分析

复合趋向动词"起来"可以表示开始并继续,但只能用在动词或形容词后做补语,不能单独做谓语动词。例①—④的"起来"都表示开始并继续,但都做谓语,因此句子不成立。例①、例②的"起来"应改为"开始",例③的"起来"应改为"运动",例④的"心"应该删去。

韩国学生出现这种错误,是受韩国语的影响。"开始+动词／形容词"和"动词／形容词+起来"韩国语都可翻译为"시작하다"。"冬天开始冷"韩国语是"겨울 때 추위가 시작되다",汉语可直译为"冬天起来冷"。"开始工作"韩国语是"일을 시작하다",汉语可直译为"起来工作"。"电梯向下运动"韩国语是"엘리베이터 아래쪽으로 향하기 시작하다",直译成汉语为"电梯向下起来"。"好奇起来"韩国语是"호기심을 갖기 시작하다",直译成汉语为"好奇心有起来"。受母语影响,韩国学生经常出现这种错误。

(五)误加复合趋向补语

例句

误:

① *古话说,好人才能认识**出来**好人。

② *最后他终于知道**出来**这个道理。

③ *大家一听这个字就懂**起**意思**来**了。

④ *老师讲了几分钟, 大家明白这句话**起来**了。

正:

⑤ 古话说, 好人才能认识好人。

⑥ 最后他终于知道了这个道理。

⑦ 大家一听这个字就懂了意思。

⑧ 老师讲了几分钟, 大家明白了这句话。

分析

"认识"不能与"出来"搭配, 例①的"认识"后带了"出来", 句子不成立, "出来"应删去。"知道"不能与"出来"搭配, 例②的"知道"后带了"出来", 句子不成立, "出来"应删去, 加上"了"。

"懂"和"明白"都不是持续性动词, 不能与表示开始并继续的"起来"搭配。但例③的"懂"、例④的"明白"后带上了"起来", 句子不成立, "起来"应删去, 并将"了"放在"懂"和"明白"后。

"认识好人" 韩国语为"좋은 사람을 알아내다", 直译成汉语是"好人认识出来";"知道了这个道理"韩国语为"이 이치를 알아냈다", 直译成汉语是"这个道理知道出来";"懂了意思"韩国语为"뜻을 알게 되었다", 直译成汉语是"意思懂起来";"明白了这句话"韩国语为"이 말을 알게 되었다", 直译成汉语是"这句话明白起来"。受母语影响, 韩国学生常误加"出来""起来"等复合趋向补语。

(六) 误用"起来"代替"起"

例句

误:

① *我想**起来**了那种情况。

② *他想**起来**困难的情况。

③ *他记**起来**张老师的名字了。

④ *在课上，小明谈**起来**昨天的电视节目了。

正：

⑤ 我想**起**了那种情况。

⑥ 他想**起**困难的情况。

⑦ 他记**起**张老师的名字了。

⑧ 在课上，小明谈**起**昨天的电视节目了。

分析

"起来"和"起"都可以做补语，但"起"做补语后，宾语没有什么限制；而"起来"做补语后，宾语一般为数量名。例①—④的宾语都不是数量名，却用了"起来"，句子不成立，"起来"都应改为"起"。

韩国学生出现这样的错误，是受汉语的影响。汉语的"起来"和"起"意思相近，也都可以做补语。正因为如此，韩国学生常常把它们等同起来，该用"起"时却用了"起来"。

三、可能补语使用中的错误

（一）误用"能＋动词"代替"动词＋得＋补语"

例句

误：

① *我有电影票，我**能看**电影。

② *周末我有时间，我**能爬**长城。

③ *菜做得太多了，怎么**能吃**呢？

④ *这个游戏必须由两个人打，但现在只有小张一个人在房间里，怎么**能玩**呢？

正：

⑤ 我有电影票，我**看得了**电影。

⑥ 周末我有时间，我**爬得了**长城。

⑦ 菜做得太多了，怎么**吃得了**呢？

⑧ 这个游戏必须由两个人打，但现在只有小张一个人在房间里，怎么**玩得了**呢？

分析

"能＋动词"表示有能力做某事，"动词＋得＋补语"表示客观条件允许做某事。例①不是指有看电影的能力，而是指有看电影的条件；例②不是指有爬长城的能力，而是指有时间去爬长城。所以"能看"应改为"看得了"，"能爬"应改为"爬得了"。

"能＋动词"表示情理上许可或允许做某事，"动词＋得＋补语"表示客观条件允许做某事。例③不是允许吃，而是客观上无法吃完，"能吃"应改为"吃得了"。例④不是允许玩，而是不具备玩的客观条件，"能玩"应改为"玩得了"。

"看得了"韩国语为"볼 수 있다"，直译成汉语是"能看"；"爬得了"韩国语为"오를 수 있다"，直译成汉语是"能爬"；"吃得了"韩国语为"먹을 수 있다"，直译成汉语是"能吃"；"玩得了"韩国语为"놀 수 있다"，直译成汉语是"能玩"。受母语影响，韩国学生常常用"能＋动词"代替"动词＋得＋补语"。

（二）误用"不能＋动词"代替"动词＋不＋补语"

例句

误：

① ＊我给朋友们打电话，可是一个人也**不能来**。

② ＊今天我感冒嗓子痛，**不能说话**。

③ ＊我兴奋地看着天，我觉得今天一个礼物也**不能收到**了。

④ ＊这本书书店**不能买到**。

正：

⑤ 我给朋友们打电话,可是一个人也**来不了**。

⑥ 今天我感冒嗓子痛,**说不了**话。

⑦ 我兴奋地看着天,我觉得今天一个礼物也**收不到**了。

⑧ 这本书书店**买不到**。

分析

"不能 + 动词"表示情理上不许可或禁止做某事,"动词 + 不 + 补语"表示客观条件不允许做某事,意思不同。例①不是禁止来,而是客观情况不允许,"不能来"应改为"来不了"。例②不是禁止说话,而是客观情况不允许说话,"不能说话"应改为"说不了话"。例③不是禁止收礼物,而是客观情况不允许,"不能收到"应改为"收不到"。例④不是禁止买,而是客观情况不允许,"不能买到"应改为"买不到"。

"来不了"韩国语为"올 수 없다",直译成汉语是"不能来";

"说不了"韩国语为"말을 할 수 없다",直译成汉语是"不能说";

"收不到"韩国语为"받을 수 없다",直译成汉语是"不能收到";

"买不到"韩国语为"살 수 없다"直译成汉语是"不能买到"。受母语影响,韩国学生经常误用"不能 + 动词"代替"动词 + 不 + 补语"。

（三）误用"会 + 动词"代替"动词 + 得 + 补语"

例句

误：

① *如果那个爷爷给我别的礼物,比如说电脑、书等,就是一个人**会玩**的东西,那多好啊!

② *这种酒不太厉害,我**会喝**。

③ *对韩国人来说,这菜不算辣,他**会吃**。

④ *行李不多,我一个人**会拿**。

正：

⑤ 如果那个爷爷给我别的礼物，比如说电脑、书等，就是一个人**玩得了**的东西，那多好啊！

⑥ 这种酒不太厉害，我**喝得了**。

⑦ 对韩国人来说，这菜不算辣，他**吃得了**。

⑧ 行李不多，我一个人**拿得了**。

分析

"会"表示有能力做某事，这种能力是学习后具备的。例①—④的"玩""喝""吃"和"拿"不是学习后具备的，却用了"会"，句子不成立，"会玩""会喝""会吃""会拿"应分别改为"玩得了""喝得了""吃得了"和"拿得了"。

"玩得了"韩国语为"놀 수 있다"，汉语可直译为"会玩"；"喝得了"韩国语为"마실 수 있다"，汉语可直译为"会喝"；"吃得了"韩国语为"먹을 수 있다"，汉语可直译为"会吃"；"拿得了"韩国语为"가져갈 수 있다"，汉语可直译为"会拿"。受母语影响，韩国学生容易用"会＋动词"代替"动词＋得＋补语"。

（四）误用"不会＋动词"代替"动词＋不＋补语"

例句

误：

① *"假如只有一个人的话，**不会打网球**。"男生怒气冲冲地跳起来，然后气急败坏地说。

② *明天早上八点我们在火车上，**不会回来**。

③ *他没买到周日的火车票，周一**不会上课**。

④ *我今天电脑坏了，**不会做作业**。

正：

⑤ "假如只有一个人的话，**打不了网球**。"男生怒气冲冲地跳起

来, 然后气急败坏地说。

⑥ 明天早上八点我们在火车上, **回不来**。

⑦ 他没买到周日的火车票, 周一**上不了课**。

⑧ 我今天电脑坏了, **做不了作业**。

分析

"不会 + 动词"表示没有能力做某事, "动词 + 不 + 补语"表示客观条件不允许做某事, 二者意思不同。例①不是没有打网球的能力, 而是没有对手、没法打, "不会打"应改为"打不了"。例②不是没有回来的能力, 而是客观条件不允许回来, "不会回来"应改为"回不来"。例③不是没有来上课的能力, 而是由于客观条件无法来上课, "不会上课"应改为"上不了课"。例④不是没有做作业的能力, 而是由于电脑坏了这一客观条件而没办法做作业, "不会做作业"应改为"做不了作业"。

"打不了"韩国语为"칠 수 없다", 汉语可直译为"不会打"。"回不来"韩国语为"돌아올 수 없다", 汉语可直译为"不会回来"。"上不了课"韩国语为"수업할 수 없다", 汉语可直译为"不会上课"。"做不了作业"韩国语为"숙제를 할 수 없다", 汉语可直译为"不会做作业"。受此影响, 韩国学生常用"不会 + 动词"代替"动词 + 不 + 补语"。

(五)可能补语不当

例句

误:

① *这件衣服太贵, 我买**不上**。

② *你不下功夫就赶**不了**他们。

③ *我眼睛不好, 前面的字看**不到**。

④ *昨天他喝了很多咖啡, 睡**不了**。

正：

⑤ 这件衣服太贵，我买**不起**。

⑥ 你不下功夫就赶**不上**他们。

⑦ 我眼睛不好，前面的字看**不清**。

⑧ 昨天他喝了很多咖啡，睡**不着**。

分析

"动词 + 不 + 补语"中的补语不同，意思也不同。"买不上"的意思为东西稀缺，不能买到，例①的意思是东西很贵，而不是稀缺，但却误用了"上"，句子不成立，"上"应改为"起"。例②的意思是不用功就不能赶上他们，但却误用了"了"，"了"应改为"上"。"看不到"的意思为太远无法看到，例③的意思是因为视力不好，字看起来很模糊，而不是无法看到，但误用了"到"，句子不成立，"到"应改为"清"。例④的意思是由于咖啡喝多了，无法睡着，应该使用"睡不着"，而句中使用了"睡不了"，句子不成立，"了"应改为"着"。

韩国学生出现这样的错误，是受汉语的影响。汉语的"动词 + 不 + 上 / 了 / 到 / 起"非常多，像"买不上、买不了、买不到、买不起"等，这些说法意思相近，韩国学生往往搞不清楚，出现混用情况。

四、情态补语使用中的错误

（一）宾语位置错误

例句

误：

① *他说**得汉语**很流利。

② *我唱**得歌**很好听。

③ *他做**得菜**很好吃。

④ *韩国学生写**得汉字**很漂亮。

正：

⑤ 他**汉语**说得很流利。/ 他说**汉语**说得很流利。

⑥ 我**歌**唱得很好听。/ 我唱**歌**唱得很好听。

⑦ 他**菜**做得很好吃。/ 他做**菜**做得很好吃。

⑧ 韩国学生**汉字**写得很漂亮。/ 韩国学生写**汉字**写得很漂亮。

分析

"动词＋得＋补语"中，如果动词有宾语，宾语可以放在动词前，或放在动词后，但宾语后面必须再次出现同一个动词。例①—④的宾语都放在了"得"后面，句子不成立，宾语"汉语""歌""菜""汉字"应分别放在"说""唱""做"和"写"的前面；或放在"说""唱""做""写"的后面，然后再在宾语后分别加上动词"说""唱""做""写"。

韩国学生出现这种错误，是受汉语的影响。汉语有"他说的汉语很流利""我唱的歌很好听""他做的菜很好吃""韩国学生写的汉字很漂亮"之类的说法，由于"的""得"发音相同，韩国学生常常把"得"写成"的"，导致出现宾语位置错误。

（二）误用"得"代替"个"

例句

误：

① ＊马达的声音响**得**不停。

② ＊他一吃饺子就吃**得**不停。

③ ＊今天考试结束了，他去酒吧喝**得**痛快。

④ ＊今天我们要玩**得**痛快。

正：

⑤ 马达的声音响**个**不停。

⑥ 他一吃饺子就吃**个**不停。

⑦ 今天考试结束了，他去酒吧喝个痛快。

⑧ 今天我们要玩个痛快。

分析

"动词 + 得 + 补语"和"动词 + 个 + 补语"都属于动补结构，补语都是对行为、动作者或对行为、动作支配的对象或对行为、动作本身进行的描写，但"动词 + 个 + 补语"多用于口语，含有夸张的语气。例①"响得不停"中的"不停"不能与"响得"搭配，"得"应改为"个"。例②"吃得不停"中的"吃得"不能与"不停"搭配，"得"应改为"个"。例③"喝得痛快"中的"喝得"不能与"痛快"搭配，"得"应改为"个"。例④"玩得痛快"中的"玩得"不能与"痛快"搭配，"得"应改为"个"。

韩国学生出现这种错误，是受汉语的影响。汉语的"动词 + 得 + 补语"和"动词 + 个 + 补语"都是动补结构，而且意思相近。因此，韩国学生常常把它们混淆起来，该用"个"时却用了"得"。

（三）误用"着"代替"得"

例句

误：

① *书上写着清清楚楚的。

② *路标方向画着明明白白的。

③ *我的家人都伤心着哭了。

④ *大家高兴着跳起来了。

正：

⑤ 书上写得清清楚楚的。

⑥ 路标方向画得明明白白的。

⑦ 我的家人都伤心得哭了。

⑧ 大家高兴得跳起来了。

分析

汉语的动词和情态补语之间应该用"得",例①—④的"清清楚楚""明明白白""哭了""跳起来"表示的都是情态,但前面都用的是"着",句子不成立,"着"都应改为"得"。

"书上写得清清楚楚的"韩国语为"책에 똑똑히 쓰고 있다",直译成汉语是"书上清清楚楚地写着";"路标方向画得明明白白的"韩国语为"도로방향을 명백히 그리고 있다",直译成汉语是"路标方向明明白白地画着";"我的家人都伤心得哭了" 韩国语为"제 가족들이 다 속상하면서 울었다",直译成汉语是"我的家人都伤心着哭了";"大家高兴得跳起来了"韩国语为"모두 기뻐서 껑충 뛰었다",直译成汉语是"大家高兴着跳起来了"。受此影响,韩国学生常用"着"代替"得"。

(四)"得"后补语不当

例句

误:

① *他很努力,但是常常考得**一般的成绩**。

② *爬山以后,他累得**睡觉**。

③ *旅行的时候,我高兴得**喜气洋洋**。

④ *我急得**想想好办法**。

正:

⑤ 他很努力,但是常常考得**一般**。

⑥ 爬山以后,他累得**睡着了**。

⑦ 旅行的时候,我高兴得**手舞足蹈**。

⑧ 我急得**想不出好办法**。

分析

情态补语应是形容词或动词性成分,不能是名词性成分。例①的补语"一般的成绩"为名词性成分,句子不成立,应删去"的成绩"。例

②的"睡觉"虽然是动词性成分，但不能描述"累"的状态，句子不成立，应将"睡觉"改成"睡着了"。例③的形容词"高兴"和补语"喜气洋洋"搭配不当，句子不成立，"喜气洋洋"应改为"手舞足蹈"。例④的形容词"急"和"想想好办法"搭配也不当，"想想好办法"应改为"想不出好办法"。

韩国学生出现这种错误，是受汉语的影响。汉语"得"字后的补语可以是形容词（短语）、动词短语，受此影响，韩国学生误以为任何短语都可以充当补语，因而出现了以上错误。

（五）补语和谓语动词位置错误

例句

误：

① *因为我**很晚得出现**，所以才有你们。

② *快迟到了，他**很快得跑**。

③ *中国大学生**怎样得住**？

④ *住在这儿的古人**怎样得生活**？

正：

⑤ 因为我**出现得很晚**，所以才有你们。

⑥ 快迟到了，他**跑得很快**。

⑦ 中国大学生**住得怎样**？

⑧ 住在这儿的古人**生活得怎样**？

分析

形容词短语不能带情态补语，例①的"很晚"、例②的"很快"为形容词短语，却带了情态补语，句子不成立。"很晚得出现"应改为"出现得很晚"；"很快得跑"应改为"跑得很快"。

疑问代词也不能带情态补语，例③、例④中的"怎样"是疑问代词，但带了情态补语，句子也不成立。"怎样得住"应改为"住得怎样"；"怎样得生活"应改为"生活得怎样"。

"出现得很晚"韩国语为"늦게 나타난다"，直译成汉语是"很晚出现"；"跑得很快"韩国语为"아주 빨리 달린다"，直译成汉语是"很快跑"；"住得怎样"韩国语为"어떻게 삽니까"，直译成汉语是"怎样住"；"生活得怎样"韩国语为"어떻게 삽니까"，直译成汉语是"怎样生活"。受母语影响，韩国学生经常把补语和谓语动词的位置搞错。

（六）应做情态补语的形容词误做状语

例句

误：

① *昨天她做的菜很好吃，我**很高兴地**吃了。

② *他很聪明，**很快地**学了。

③ *虽然他每天很辛苦，但是**很愉快地**工作。

④ *我的毕业论文**很成功地**答辩了。

正：

⑤ 昨天她做的菜很好吃，我吃得**很高兴**。

⑥ 他很聪明，学得**很快**。

⑦ 虽然他每天很辛苦，但是工作得**很愉快**。

⑧ 我的毕业论文答辩得**很成功**。

分析

形容词做状语多表示动作的伴随状态，是动态的。例①—④的"很高兴""很快""很愉快"和"很成功"都不是伴随状态，而是一种结果，但都做了状语，句子不成立，它们都应放在谓语动词后做补语，前面还应加上"得"。

韩国语中没有情态补语，汉语的情态补语在韩国语中多对应状语。

受母语影响, 韩国学生常常把应做情态补语的形容词误用为状语。

(七) 情态补语误做分句

例句

误:

① *他很饿, 所以走不动路了。

② *因为她很闷, 所以差不多晕过去了。

③ *我很高兴, 所以差不多流眼泪了。

④ *那个孩子很瘦, 所以好像只有骨头和皮。

正:

⑤ 他饿得走不动路了。

⑥ 她闷得差不多晕过去了。

⑦ 我高兴得差不多流眼泪了。

⑧ 那个孩子瘦得好像只有骨头和皮。

分析

汉语的情态补语和谓语动词有些具有因果关系, 但同一个意思, 用情态补语表达比用因果复句表达会显得简练许多。例①的"很饿"是原因, "走不动路了"是结果, 二者有因果关系, 虽然可用因果复句表达, 但不够简洁, 可改为"他饿得走不动路了"。例②的"很闷"是原因, "差不多晕过去了"是结果, 二者也有因果关系, 虽可用因果复句表达, 但不够简洁, 可改为"她闷得差不多晕过去了"。例③的"很高兴"是原因, "差不多流眼泪了"是结果, 用因果复句表达也不简洁, 可改为"我高兴得差不多流眼泪了"。例④的"很瘦"是原因, "好像只有骨头和皮"是结果, 用因果复句表达同样不简练, 可改为"那个孩子瘦得好像只有骨头和皮"。

韩国语中没有情态补语, 汉语的"动词 + 得 + 情态补语"在韩国语中有时会用因果复句表达。受母语影响，韩国学生有时习惯性使用因果复句。

五、程度补语前误用"得"

例句

误：

① *他高兴**得**极了。

② *他伤心**得**极了。

③ *学生累**得**死了。

④ *妈妈气**得**死了。

正：

⑤ 他高兴**极**了。

⑥ 他伤心**极**了。

⑦ 学生累**死**了。

⑧ 妈妈气**死**了。

分析

"极了""死了"等表示程度的补语应放在动词后，前面不能出现"得"。例①—④的程度补语"极了""死了"前面都误加了"得"，句子不成立，"得"应删去。

韩国学生出现这种错误，是受汉语的影响。汉语中有"动词 + 得 + 补语"结构，也有"动词 + 补语"结构，韩国学生常常搞不清楚它们的区别，容易把二者混淆起来。

第三章　句子学习中常见的错误

一、"是……的"句使用中的错误

（一）误加"的"

例句

误：

① *这是个人的意见的。

② *这是普通的观点的。

③ *这是我第一次学习汉语，真是兴奋不已的。

④ *他也来中国学习了，真是让人大吃一惊的。

正：

⑤ 这是个人的意见。

⑥ 这是普通的观点。

⑦ 这是我第一次学习汉语，真是兴奋不已。

⑧ 他也来中国学习了，真是让人大吃一惊。

分析

"是 + 名词短语 + 的"一般表示领属或质料。例①的"是个人的意见的"既不表示领属，也不表示质料，但名词短语后却用了"的"，句子不成立，句尾的"的"应删去。例②的"是普通的观点的"既不表示领属，也不表示质料，但名词短语后加了"的"，句子也不成立，句尾的

"的"应删去。

"是 + 形容词短语+的"表示归类。例③的"是兴奋不已的"不能表示归类,句子不成立,"的"应删去。例④的"是让人大吃一惊的"也不能表示归类,句子也不成立,"的"也应删去。

韩国学生出现这种错误,是受汉语的影响。汉语的"是……的"用法很复杂,有时名词(短语)、形容词(短语)后可以有"的",有时不能。正因为如此,韩国学生常常搞不清楚,不该用"的"时误加"的"。

链接74

"是……的"句的用法:①

1."主语 + 是 + 名词 + 的"表示领属、质料。例如:

① 那本书是老师的。

② 这个杯子是玻璃的。

2."主语 + 是 + 动词 / 形容词 + 的"表示归类。例如:

① 这是妈妈送给我的。

② 弟弟用的手机是新的。

也可以表示对主语的说明、描写,有加强语气的作用,"是"常省略,一般不用于否定,动词和形容词前常有修饰语。例如:

① 他(是)不会来的。

② 鱼的味道(是)挺不错的。

3."主语 + 是 + 小句 + 的"表示归类。例如:

① 我是去年毕业的。

② 他是美国来的。

4."是 + 小句 + 的"强调小句的主语。例如:

① 是妈妈让我来中国的。

---

① 参见吕叔湘(1999)《现代汉语八百词》(增订本),北京:商务印书馆。

② 是李老师教我的。

（二）"的"位置错误

例句

误：

① A：你到中国来的目的是什么？

　　*B：我们是来中国学的汉语。

② A：你到北京来干什么？

　　*B：我是来北京吃的烤鸭。

③ A：你去西安参观了什么？

　　*B：我是去西安看的兵马俑。

④ A：上周你去山东干什么？

　　*B：我是去山东爬的泰山。

正：

⑤ A：你到中国来的目的是什么？

　　B：我们是来中国学汉语的。

⑥ A：你到北京来干什么？

　　B：我是来北京吃烤鸭的。

⑦ A：你去西安参观了什么？

　　B：我是去西安看兵马俑的。

⑧ A：上周你去山东干什么？

　　B：我是去山东爬泰山的。

分析

汉语的"是……的"强调目的时，"的"要位于动词宾语的后面。例①—④的"的"都放在了宾语前面，句子不成立，"的"应放在宾语"汉语""烤鸭""兵马俑"和"泰山"的后面。

韩国学生出现这种错误，是受汉语的影响。汉语的"是……的"强调时间、处所、人物、方式时，"的"一般放在宾语前。受此影响，韩国学生误以为强调目的时，"的"也放在宾语前。

链接75

"是……的"中"的"的位置：

1. "的"一般放在宾语前。例如：

① 昨天我们是喝的啤酒。

② 我是在北京学的汉语。

③ 他们是昨天到的北京。

2. 宾语为代词，"的"一般放在宾语后。例如：

① 这块手表是妈妈送给我的。

② 他是昨天来学校找我的。

3. 强调目的时，"的"也应放在宾语后。例如：

① 我是来北京学习汉语的，不是来玩的。

② 上次他和家人是来中国看朋友的。

4. 动词带处所宾语和趋向补语，"的"要放在趋向补语后。例如：

① 我是坐飞机飞回韩国去的。

② 小猫是从这儿爬出房间来的。

5. 谓语动词为离合词，"的"一般放在第一个成分的后面。例如：

① 昨天晚上我是十点睡的觉。

② 我们是在学校图书馆见的面。

（三）漏用"是"

例句

误：

① *我们来学汉语的，不来玩的。

② *他们去美国开会的，不去旅游的。

③ *他坐高铁去上海的，不坐飞机的。

④ *我在韩国学过，但**不**专门学的。

正：

⑤ 我们来学汉语的，**不是**来玩的。

⑥ 他们去美国开会的，**不是**去旅游的。

⑦ 他坐高铁去上海的，**不是**坐飞机的。

⑧ 我在韩国学过，但**不是**专门学的。

分析

例①—④都是强调句，句中都有否定副词"不"，但都缺少谓语动词"是"，句子不成立，都应在"不"后加上"是"。

韩国学生出现这种错误，是受汉语的影响。汉语表示强调的"是……的"句，口语中肯定句经常省略"是"，如"我（是）今天到的""他（是）坐车去的"。受此影响，韩国学生误以为否定句中的"是"也可以省略。

二、"有"字比较句使用中的错误

（一）"有"字比较句使用不当

例句

误：

① *弟弟**有**哥哥矮。

② *他**有**这个人穷。

③ *这次考试**有**上次容易。

④ *北京的东西**有**首尔的便宜。

正：

⑤ 弟弟**比**哥哥矮。

⑥ 他**比**这个人穷。

⑦ 这次考试**比**上次容易。

⑧　北京的东西**比**首尔的便宜。

分析

"有"字比较句中的形容词一般是正向的，即是往大处、高处、长处、难处等方面说的；不能是负向的，即不能是往小处、低处、短处、易处等方面说的。例①的"矮"、例②的"穷"、例③的"容易"、例④的"便宜"都是负向形容词，因此句子不成立，"有"应改为"比"。

韩国学生出现这种错误，是受汉语的影响。汉语的正向形容词，像"大、高、长、重"等，可以用于"有"字比较句。因此，韩国学生误以为负向形容词也可以用于"有"字比较句。

链接76

"有"字比较句的用法：①

1."A有B + 形容词"，多用于疑问句，其中的形容词一般为正向形容词。例如：

①　火车**有**飞机**安全**吗？

②　电脑**有**手机那么**贵**吗？

2."A有B + 这么 / 那么 + 形容词"用于陈述时，形容词一般是正向的；用于疑问时，形容词可以是正向的，也可以是负向的。例如：

①　她**有**妹妹这么**漂亮**。

②　汉字**有**你说的这么**容易**吗？

③　今天**有**昨天那么**冷**吗？

3."有"字比较句的否定，是在"有"的前面加上否定副词"没"。例如：

①　今天**没有**昨天那么**热**。

②　汽车**没有**火车**快**。

---

①　参见杨德峰（2009）《对外汉语教学核心语法》，北京：北京大学出版社。

③ 包子**没有**饺子好吃。

注意

"A有B ＋ 形容词"一般不用于陈述句。下面的说法都是错误的：

① *那儿的夏天有北京热。

② *他的汉语有你的好。

（二）"有"字比较句缺少比较结果

例句

误：

① *很多人游泳都**没有**你。

② *她写的汉字**没有**我。

③ *他跑步**没有**我。

④ *他认识的中国朋友**没有**你。

正：

⑤ 很多人游泳都**没有**你**好**。

⑥ 她写的汉字**没有**我**好**。

⑦ 他跑步**没有**我**快**。

⑧ 他认识的中国朋友**没有**你**多**。

分析

"有"字比较句的基本格式是"A有B ＋ 形容词"，否定是"A没有B ＋ 形容词"。例①—④只有比较项，但是没有比较的结果，句子不成立，应在"你"或"我"后加上"好""快""多"。

韩国语中没有相应的"有"字比较句，受母语影响，他们对"有"字比较句的掌握有困难，常常遗漏比较项。

（三）"有"字比较句和"比"字比较句杂糅

例句

误：

① *这位歌手**比**那位歌手**没有**唱得好。

② *他**比**那个人**没有**跑得快。

③ *这件衣服**比**那件衣服**没有**好看。

④ *他打羽毛球**比**我**没有**好。

正：

⑤ 这位歌手**没有**那位歌手唱得好。/ 这位歌手**比**那位歌手唱得好。

⑥ 他**没有**那个人跑得快。/ 他**比**那个人跑得快。

⑦ 这件衣服**没有**那件衣服好看。/ 这件衣服**比**那件衣服好看。

⑧ 他打羽毛球**没有**我好。/ 他打羽毛球**比**我好。

分析

"比"字比较句的基本格式是"A比B + 形容词"。例①—④在"比"字比较句中误加了"有"字比较句的否定形式，句子不成立。可以将"比"删去，把"没有"放在"那位歌手""那个人""那件衣服"和"我"前面；或者将"没有"删去。

韩国学生出现这种错误，主要是受汉语的影响。汉语中既有"比"字比较句，也有"有"字比较句，韩国学生有时把二者杂糅使用。

三、"比"字比较句使用中的错误

（一）"比"字比较句否定错误

例句

误：

① *结果比前者**不好**。

② *我的汉语比小金不好。

③ *小李比小赵不聪明。

④ *我比小王不高。

正:

⑤ 结果**没有**前者好。

⑥ 我的汉语**没有**小金好。

⑦ 小李**没有**小赵聪明。

⑧ 我**没有**小王高。

分析

汉语"A比B + 形容词"的否定是"A没有B + 形容词",而不是"A比B + 不 + 形容词"。例①—④都是"比"字句,但否定形式都用了"A比B + 不 + 形容词",句子不成立,应将"不"删去,将"比"替换为"没有"。

韩国学生出现这种错误,一是受汉语的影响。汉语"主语 + 形容词"的否定都是在形容词前面加上否定词"不",受此影响,韩国学生误以为"A比B + 形容词"的否定也是在形容词前加上"不"。二是受韩国语的影响。韩国语比较句的否定都是否定形容词,受此影响,他们经常把否定副词放在形容词前面。

(二)"比"字比较句否定副词位置错误

例句

误:

① *他的汉语水平比我**不**高,为什么他在6班,我在5班?

② *他学汉语的时间比我**不**长,为什么他汉语比我好?

③ *这件衣服比那件**不**贵,买这件也可以吧?

④ A: 火车比飞机安全,所以我喜欢坐火车。

  *B: 我觉得火车比飞机**不**安全。

正：

⑤ 他的汉语水平**不比**我高，为什么他在6班，我在5班？

⑥ 他学汉语的时间**不比**我长，为什么他汉语比我好？

⑦ 这件衣服**不比**那件贵，买这件也可以吧？

⑧ A：火车比飞机安全，所以我喜欢坐火车。

　　B：我觉得火车**不比**飞机安全。

分析

否定副词"不"只能放在"A比B + 形容词"中的"比"前，构成"A不比B + 形容词"，用于订正或辩驳。例①—④的"不"都放在了形容词前面，但不是用于订正或辩驳，句子不成立，"不"都应移至"比"前面。

韩国语比较句的否定都是否定形容词，受母语影响，韩国学生经常把否定副词放在形容词的前面。

（三）误用"不比"句

例句

误：

① A：你们两个的汉语谁的好？

　　*B：我的汉语**不比**他好。

② A：包子和饺子哪个好吃？

　　*B：饺子**不比**包子好吃。

③ A：两件衣服哪件漂亮？

　　*B：蓝的**不比**红的漂亮。

④ A：乒乓球谁打得好？

　　*B：我**不比**他打得好。

正：

⑤ A：你们两个的汉语谁的好？

　　B：我的汉语**没有**他好。

⑥ A: 包子和饺子哪个好吃?

　　B: 饺子**没有**包子好吃。

⑦ A: 两件衣服哪件漂亮?

　　B: 蓝的**没有**红的漂亮。

⑧ A: 乒乓球谁打得好?

　　B: 我**没有**他打得好。

分析

汉语"A不比B + 形容词"不是"A比B + 形容词"的否定形式,而是对上文进行订正或辩驳的句型。例①—④并不是进行订正或辩驳,却用了"A不比B + 形容词",句子不成立。例①应改为"我的汉语没有他好",例②应改为"饺子没有包子好吃",例③应改为"蓝的没有红的漂亮",例④应改为"我没有他打得好"。

韩国学生出现这种错误,是受汉语的影响。汉语的"A不比B + 形容词"表面上看是"A比B + 形容词"的否定,韩国学生很容易受此形式上的影响,从而出现这样的错误。

链接77

"A不比B + 形容词"的使用情况:

"A不比B + 形容词"常用来对上文进行订正或辩驳。例如:

① A: 我觉得英语比汉语容易。

　　B: 我觉得英语**不比**汉语容易。

② A: 你弟弟比你哥哥帅。

　　B: 是吗? 我觉得弟弟**不比**哥哥帅, 他们差不多。

③ 他的汉语**不比**我好, 汉字也**不比**我强, 为什么他在高级班, 我在中级班?

（四）比较对象位置错误

例句

误：

① *他才知道坐着看这个地方更好**比去危险的地方**。

② *对韩国人来说，写汉字更容易**比说汉语**。

③ *他喜欢下棋**比我**。

④ *他力气大**比弟弟**。

正：

⑤ 他才知道坐着看这个地方**比去危险的地方**更好。

⑥ 对韩国人来说，写汉字**比说汉语**更容易。

⑦ 他**比我**喜欢下棋。

⑧ 他力气**比弟弟**大。

分析

汉语比较句的基本结构是"A比B＋形容词"，例①—④的比较项都在句尾，句子不成立。例①应该把"比去危险的地方"移到"更好"前，例②应该把"比说汉语"移到"更容易"前，例③应该把"比我"移到"喜欢"前，例④应该把"比弟弟"移到"大"前。

韩国语口语中，比较句可以是"A＋形容词＋B＋보다（比）"，即比较的对象可以在后面。受母语影响，韩国学生常把比较对象的位置弄错。

（五）比较对象不一致

例句

误：

① *我的自行车比他贵100元。

② *我的作文比他多200个字。

③ *弟弟比我的课少两门。

④ *哥哥比我的手机贵200元。

正：

⑤ 我的自行车比他的贵100元。

⑥ 我的作文比他的多200个字。

⑦ 弟弟的课比我的课少两门。

⑧ 哥哥的手机比我的手机贵200元。

分析

例①比较的对象应该是"自行车"，而句中"他"后没有助词"的"，变成了自行车和人进行比较，句子不成立，应该在"他"后加上"的"。例②比较的对象应该是"作文"，而句中"他"后没有助词"的"，变成了作文和人进行比较，句子不成立，应该在"他"后加上"的"。例③比较的对象应该是"课"，而句中的主语是"弟弟"，变成了人和课进行比较，句子不成立，应该在"弟弟"后加上"的课"。例④比较的对象应该是"手机"，而句中的主语是"哥哥"，变成了人和手机进行比较，句子也不成立，应该在"哥哥"后加上"的手机"。

韩国语比较句的比较对象，中心语相同且修饰语是表示领属关系的代词时，其中一个比较对象的中心语可以省略。"哥哥的手机比我的手机贵200元"韩国语可以是"형이 내 핸드폰보다 200원 높다"，直译成汉语是"哥哥比我的手机贵200元"。受母语影响，韩国学生常常出现比较对象不一致的情况。

（六）"比"字比较句中误用程度副词

例句

误：

① *他觉得这样在家里通过电视看的风景比自己出去看的真正的风景很美。

② *今年的房租比去年**非常**贵。

③ *飞机的速度比火车**有点儿**快。

④ *他唱歌比我**有点儿**好。

正:

⑤ 他觉得这样在家里通过电视看的风景比自己出去看的真正的风景**更**美。

⑥ 今年的房租比去年贵**得多**。

⑦ 飞机的速度比火车快**一点儿**。

⑧ 他唱歌比我好**一点儿**。

分析

汉语"比"字比较句中只能使用"更""还"等表示递进义的程度副词。例①、例②中使用了绝对程度副词"很""非常",例③、例④中使用了表示程度浅的副词"有点儿",句子都不成立。应将例①的"很"换成"更";例②的"非常"删去,"贵"后加上"得多";例③、例④的"有点儿"删去,"快""好"后加上"一点儿"。

韩国学生出现这种错误,一是受韩国语的影响。韩国语比较句中可以使用程度副词,而且没有限制,绝对程度副词"很"(매우)、"非常"(아주)以及表示程度浅的"有点儿"(조금)都可以使用在比较句中。受此影响,韩国学生常在"比"字比较句中误用程度副词。二是受汉语的影响。"比"字比较句的谓语形容词前可以出现"更""还""更加"等程度副词,因此,韩国学生以为"比"字比较句的形容词前,任何程度副词都可以使用。

(七)"比"字比较句中误用程度补语

例句

误:

① *今年夏天比去年热**得不得了**。

②　*那家店的价格比去年贵得**厉害**。

③　*他的家比我的远得**很**。

④　*她的嗓子比我的好得**很**。

正：

⑤　今年夏天比去年热得**多**。

⑥　那家店的价格比去年贵得**多**。

⑦　他的家比我的远得**多**。

⑧　她的嗓子比我的好得**多**。

分析

"比"字比较句中的形容词后不能带程度补语。例①中的"热得不得了"、例②中的"贵得厉害"、例③中的"远得很"和例④中的"好得很"都带了程度补语，句子不成立。例①应改为"热得多"，例②应改为"贵得多"，例③应改为"远得多"，例④应改为"好得多"。

韩国学生出现这种错误，是受汉语的影响。"比"字比较句的谓语可以是带"得"字的述补结构（"得"后应为情态补语），因此，韩国学生以为所有带"得"字的述补结构都可以做"比"字比较句的谓语，出现类推泛化。

（八）误用"比"字比较句代替其他比较句

例句

误：

①　*广州东西的价钱**比**韩国的差不多一样。

②　*韩国的衣服**比**中国的差不多一样。

③　*他的汉语**比**中国人的差不多。

④　*这儿**比**韩国的生活方式差不多。

正：

⑤　广州东西的价钱**跟**韩国的差不多一样。

⑥ 韩国的衣服**跟**中国的差不多一样。

⑦ 他的汉语**跟**中国人的差不多。

⑧ 这儿**跟**韩国的生活方式差不多。

分析

"比"字比较句中的谓语不能是"差不多"或"一样"。例①、例②的谓语是"差不多一样",例③、例④的谓语是"差不多",句子不成立,"比"应改为"跟"。

韩国学生出现这种错误,是受汉语的影响。汉语既有"比"字比较句,也有"跟……一样"比较句,韩国学生有时容易把二者混用。

四、"把"字句使用中的错误

(一)"把"字句中误用不及物动词

例句

误:

① *我把衣服**湿**了。

② *弟弟把花瓶**破**了。

③ *风把树**倒**了。

④ *理发师把头发**干**了。

正:

⑤ 我把衣服**弄湿**了。

⑥ 弟弟把花瓶**打破**了。

⑦ 风把树**吹倒**了。

⑧ 理发师把头发**吹干**了。

分析

汉语"把"字句中的谓语动词应该是及物动词。例①中的"湿"、例②中的"破"、例③中的"倒"、例④中的"干"都是不及物动词,句子不成立。例①应改为"弄湿",例②应改为"打破",例③应改为"吹倒",例④应改为"吹干"。

韩国语的及物动词和不及物动词的分类与汉语不同,例①的"湿"、例②的"破"、例③的"倒"、例④的"干"韩国语分别为"적시다""깨다""넘어뜨리다""말리다",这些词都有及物动词的用法。受此影响,韩国学生常常把汉语的一些不及物动词误用在"把"字句中。

(二)"把"字句中误用光杆动词

例句

误:

① *我去超市把水果**买**。

② *他下午把衣服**洗**。

③ *你把这道题目**回答**。

④ *圣诞节,他把明信片**寄**。

正:

⑤ 我去超市把水果**买回来**。

⑥ 他下午把衣服**洗了**。

⑦ 你把这道题目**回答一下**。

⑧ 圣诞节,他把明信片**寄走**。

分析

"把"字句中的谓语动词不能是光杆动词。例①中的"买"、例②中的"洗"、例③中的"回答"、例④中的"寄"都是光杆动词,句子不成立。例①的"买"后应加上"回来",例②的"洗"后应加上"了",例③的"回答"后应加上"一下",例④的"寄"后应加上"走"。

　　韩国学生出现这种错误，一是受韩国语的影响。韩国语没有"把"字句，"把水果买回来"韩国语可以是"과일을 샀다"，直译成汉语是"水果买"，谓语动词是一个光杆动词"사다"（买）；"把衣服洗了"韩国语可以是"옷가지를 씻었다"，直译成汉语是"衣服洗"，谓语动词是一个光杆动词"씻다"（洗）；"把这道题目回答一下"韩国语为"이 질문을 대답하세요"，直译成汉语是"这道题目回答"，谓语动词也是一个光杆动词"대답하다"（回答）；"把明信片寄走"韩国语为"엽서를 보냈다"，直译成汉语是"明信片寄"，谓语动词依然是一个光杆动词"보내다"（寄）。受母语影响，韩国学生经常把光杆动词用在"把"字句中。二是受汉语的影响。"把"字句的使用有很多限制条件，像"把"的宾语必须是有定的，谓语动词必须是及物动词，动词不能是光杆动词等，韩国学生使用的时候经常忽视了这些条件。

（三）"把"字句中误用带可能补语的结构

例句

误：

① *我把这篇文章**写得好**。

② *孩子把今天的作业**做得完**。

③ *他把这些啤酒**喝不完**。

④ *学生把这些生词**复习不完**。

正：

⑤ 我**能**把这篇文章**写好**。

⑥ 孩子**能**把今天的作业**做完**。

⑦ 他**不能**把这些啤酒**喝完**。/ 这些啤酒他**喝不完**。

⑧ 学生**不能**把这些生词**复习完**。/ 这些生词学生**复习不完**。

分析

汉语"把"字句的谓语动词不能是带可能补语的述补结构。例①的

"写得好"、例②的"做得完"、例③的"喝不完"、例④的"复习不完"都是带可能补语的述补结构，但却做"把"字句的谓语，句子不成立。例①应改为"我能把这篇文章写好"，例②应改为"孩子能把今天的作业做完"，例③应改为"他不能把这些啤酒喝完"或"这些啤酒他喝不完"，例④应改为"学生不能把这些生词复习完"或"这些生词学生复习不完"。

韩国学生出现这种错误，是受汉语的影响。汉语"把"字句的谓语动词可以是带"得"的述补结构，如"我把她气得哭了""风把树刮得都倒了"。韩国学生往往忽视条件限制，而把带可能补语的述补结构也用在"把"字句中。

（四）"把"字句中助动词位置错误

例句

误：

①　*把祖先的遗产**应该**维护好。

②　*今天晚上我把这些作业**能**做完。

③　*明天把这些书**可以**看完。

④　*他把100块钱**会**还给我。

正：

⑤　**应该**把祖先的遗产维护好。

⑥　今天晚上我**能**把这些作业做完。

⑦　明天**可以**把这些书看完。

⑧　他**会**把100块钱还给我。

分析

"把"字句中，助动词必须放在"把"前面，不能放在谓语动词的前面。例①的"应该"、例②的"能"、例③的"可以"、例④的"会"都放在了谓语动词前面，因此句子不成立，"应该""能""可以"和"会"

都应放在"把"前。

　　韩国学生出现这种错误,既有韩国语的影响,也有汉语的影响。汉语助动词的意思在韩国语中一般用词尾表达,词尾是和谓语动词紧密连在一起的,因此,韩国学生很容易把汉语的助动词放在动词前。另一方面,汉语的助动词一般都紧挨着谓语动词,受此影响,韩国学生误以为"把"字句中的助动词也应放在谓语动词前面。

(五)"把"字句中否定副词位置错误

例句

误:

① *甚至把自己的名字**没**写上。

② *我把今天的课**没有**预习好。

③ *大家把东西**不要**乱扔。

④ *你把字**别**写在桌上。

正:

⑤ 甚至**没**把自己的名字写上。

⑥ 我**没有**把今天的课预习好。

⑦ 大家**不要**把东西乱扔。

⑧ 你**别**把字写在桌上。

分析

　　汉语"把"字句中的否定副词应该放在"把"字前。例①—④中的否定副词"没""没有""不要""别"都在谓语动词前,句子不成立。例①的"没"、例②的"没有"、例③的"不要"、例④的"别"都应移到"把"前。①

　　韩国语中没有"把"字句,韩国语的否定形式直接与动词相连,以

---

① "'把'字句中状语的位置"可参见链接69。

词尾的形式出现,受母语影响,韩国学生经常把"把"字句中的否定副词放在谓语动词前。

（六）"把"字句的宾语错误

例句

误:

① *我什么时候把**一封信**给你了?

② *他到图书馆把**一本书**借了。

③ *你把**一些书**读了,成绩就好了。

④ *各国要帮一下贫穷的国家,把**一些工厂**建好,使那个国家经济发达起来。

正:

⑤ 我什么时候把**信**给你了?

⑥ 他到图书馆把**书**借了。

⑦ 你读了**一些书**,成绩就好了。

⑧ 各国要帮一下贫穷的国家,建好**一些工厂**,使那个国家经济发达起来。

分析

汉语"把"字句的宾语应该是有定的,即是说话人和听话人都知道的人或事物。例①"把"的宾语"一封信"、例②"把"的宾语"一本书"、例③"把"的宾语"一些书"、例④"把"的宾语"一些工厂"都是无定的,是说话人和听话人不知道的事物,句子不成立。例①应改为"我什么时候把信给你了",例②应改为"他到图书馆把书借了",例③的"你把一些书读了"可改为"你读了一些书",例④的"把一些工厂建好"可改为"建好一些工厂"。

韩国学生出现这种错误,是因为韩国语中没有"把"字句,因此韩国学生掌握"把"字句比较难,经常出现宾语误用的情况。

（七）漏用"把"

例句

误：

① *他就背的包都放在电视旁边。

② *明天早上那米放在地上吧。

③ *小男孩盒子里的东西给他的妹妹。

④ *圣诞老人礼物给小明。

正：

⑤ 他就**把**背的包都放在电视旁边。

⑥ 明天早上**把**那米放在地上吧。

⑦ 小男孩**把**盒子里的东西给他的妹妹。

⑧ 圣诞老人**把**礼物给小明。

分析

"把"字句表示处置，即通过某种动作，使得某种事物发生位置移动或出现某种结果。例①—④都有处置义，而且宾语都在动词之前，但宾语前却没用"把"，句子不成立。例①应在"背的包"前加上"把"，例②应在"那米"前加上"把"，例③应在"盒子里的东西"前加上"把"，例④应在"礼物"前加上"把"。

韩国语是SOV型语言，和"把"字句的语序一致，但是韩国语中没有所谓的"把"字句，因此韩国学生常常该使用"把"字句时却漏了"把"字。

链接78

"把"字句：

"（主语）＋把＋宾语＋动词＋其他成分"，这样的句子叫作"把"字句。例如：

① 昨天我**把**作业交给了老师。

② 请把**护照拿**出来。

③ 睡觉前，**把电视关了**。

1."把"字句的构成成分

（1）"把"的宾语

"把"的宾语一般是名词（短语），而且所指事物常常是已知的，即是说话人和听话人都知道或了解的。例如：

① 妈妈把**圣诞礼物**寄来了。

② 我把**那本书**还了。

③ 教室里很热，请把**窗户**打开。

（2）"把"字句的谓语动词

"把"字句的谓语动词必须是及物动词，而且前面必须出现状语，或者后面必须带上补语、宾语、动态助词，即不能只是一个光杆动词。例如：

① 离开教室的时候，请把灯**关掉**。

② 我们对这个地方不了解，请您把这儿的情况给我们**介绍一下**。

③ 明天我就把钱**还给你**，你放心吧。

④ 老师把黑板**擦了**，我还没记下来。

⑤ 风把门**刮开了**，你去关一下吧。

注意

1."把"字句中，动态助词"过"一般不能出现在动词后面，但是可以出现在动词短语后面。例如：

① 工作二十多年来，我从来没把工资**发错过**。

2. 带可能补语的动词短语不能做"把"字句的谓语。下面的说法都是错误的：

① *作业这么多，今天晚上我们把作业**做得完吗**？

② *他的名字太长，我把他的名字**记不住**。

2. 使用"把"字句的条件[①]

（1）语义条件

"把"字句一般是行为、动作者对"把"的宾语所表示的事物施加一定的动作，使得该事物位置发生移动或出现某种结果。例如：

① 大家**把**书拿出来，我们上课。

② 老师昨天**把**作业发给我们了，你忘了吧？

③ 哥哥**把**可乐喝光了，真讨厌！

④ 天气太热，请**把**空调打开。

⑤ 我**把**那个苹果吃了，你别找了。

（2）语法条件

受句子结构的影响，下列情况一般使用"把"字句：

A. 句子的主语是行为、动作发出者，整个句子表示通过某种行为、动作使事物到达某个处所，而且该事物和所到达的处所都出现时，一般要把表示事物的名词放在"把"后做宾语。例如：

① 外边下雨了，你们把**这些桌子**搬进**教室里**去。

② 考试的时候，请把**手机**放在**书包里**。

B. 句子的主语是行为、动作发出者，谓语动词包含有"成""为""作""做"等，或是带"成""为""作""做"做补语的动词短语，如果有两个宾语，一般要用"把"字句。例如：

① 他经常把"于"**写成**了"干"。

② 我们俩是好朋友，我把她**视为**自己的妹妹。

③ 我们老师特别好，他把我们**当作**了朋友。

C. 句子的主语是行为、动作发出者，谓语动词有宾语，而且还有表示宾语的情态的补语，一般也要用"把"字句。例如：

---

① 参见刘月华、潘文娱、故铧（2001）《实用现代汉语语法》（增订本），北京：商务印书馆。

① 你把事情**弄得太复杂**，实际上很简单。

② 弟弟太不听话，昨天把妈妈**气得都哭**了。

③ 老师把这个语法**讲得太复杂**了，我们都没听懂。

D. 句子的主语是行为、动作发出者，谓语动词带双宾语，直接宾语比较复杂或比较长时，一般用"把"提前。例如：

① 你把**桌子上靠近窗边的那个大本子**递给我。

② 千万别把**我去年在上海跟别人打架的事**告诉我父母！

（八）误用"把"字句代替"使""让"句

例句

误：

① ＊最好的办法是**把**"绿色食品"和"非绿色食品"共存。

② ＊最后老师**把**他自己走。

③ ＊这样的毛病**把**他的心情失落。

④ ＊他学习很努力，但最后的成绩**把**他失望。

正：

⑤ 最好的办法是**让**"绿色食品"和"非绿色食品"共存。

⑥ 最后老师**让**他自己走。

⑦ 这样的毛病**使**他的心情失落。

⑧ 他学习很努力，但最后的成绩**让**他失望。

分析

"把"字句含有处置的意思。例①不含处置义，且谓语动词"共存"为不及物动词，却用了"把"，句子不成立，应该把"把"改成"让"。例②不含处置义，且谓语动词"走"为不及物动词，却用了"把"，句子不成立，应该把"把"改成"让"。例③不含处置义，且谓语"失落"为形容词，却用了"把"，句子不成立，应该把"把"改成"使"。例④不含处置义，且谓语"失望"为形容词，却用了"把"，句子不成立，应该把"把"

改成"让"。

韩国学生出现这种错误，是受汉语的影响。汉语的"把"有处置义，"让""使"有致使义，意义相近，韩国学生常常分不清楚"把""使""让"，该用"让"字句、"使"字句时却误用了"把"字句。

五、"被"字句使用中的错误

（一）"被"字句中误用不及物动词

例句

误：

① *不少孩子被网络游戏上瘾。

② *他被美丽的风景完全陶醉了。

③ *踢足球时，儿子被受伤了。

④ *他小的时候，常常在家里乱跑，被妈妈挨打。

正：

⑤ 不少孩子网络游戏上瘾。

⑥ 他完全陶醉在美丽的风景里了。

⑦ 踢足球时，儿子受伤了。

⑧ 他小的时候，常常在家里乱跑，挨妈妈的打。

分析

"被"字句的谓语动词必须是及物动词，不能是不及物动词和形容词。例①的谓语动词"上瘾"、例②的谓语动词"陶醉"、例③的谓语动词"受伤"、例④的谓语动词"挨打"都是不及物动词，句子不成立。例①的"被"应删去；例②的"被美丽的风景完全陶醉了"应改为"完全陶醉在美丽的风景里了"；例③的"被"也应删去；例④的"被妈妈挨打"应改为"挨妈妈的打"。

"上瘾"韩国语为"인이 박이다"，"陶醉"韩国语为"도취되다"，"受伤"韩国语为"상처를 입다"，"挨打"韩国语为"매를 맞다"。这几个词在韩国语中都有被动义和遭受义，而且是及物动词。受母语影响，韩国学生常常把这些动词对应的汉语词用在"被"字句中。

（二）"被"字句中误用光杆动词

例句

误：

① *门被风开。

② *礼物被小孩开。

③ *灯被老师关。

④ *信被他读。

正：

⑤ 门被风刮开了。

⑥ 礼物被小孩打开了。

⑦ 灯被老师关了。

⑧ 信被他读了。

分析

"被"字句的谓语动词一般要带上补语、宾语或"了"等，即不能是光杆动词。例①和例②的"开"、例③的"关"、例④的"读"都是光杆动词，没有带上补语或其他成分，句子不成立。例①的"开"前面应加上"刮"，后面加上"了"；例②的"开"前面应加上"打"，后面加上"了"；例③的"关"后面应加上"了"；例④的"读"后面应加上"了"。

韩国学生出现这种错误，一是受韩国语的影响。"刮开""打开"韩国语都可为"열리다"，直译成汉语是"开"。受此影响，韩国学生容

易出现这种错误。二是受汉语的影响。"被"字句对谓语动词有要求，但韩国学生常常忽视"被"字句动词的使用条件，因而出现错误。

（三）"被"字句中误用带可能补语的述补结构

例句

误：

① *今天的作业不多，**被我做得完**。

② *这本书不厚，**被我读得完**。

③ *行李太重了，**被她拿不动**。

④ *这辆自行车很重，**被她搬不动**。

正：

⑤ 今天的作业不多，**能被我做完**。

⑥ 这本书不厚，**能被我读完**。

⑦ 行李太重了，**她拿不动**。

⑧ 这辆自行车很重，**她搬不动**。

分析

"被"字句的谓语动词可以是述补结构，但是不能是带可能补语的述补结构。例①的谓语动词"做得完"、例②的"读得完"、例③的"拿不动"、例④的"搬不动"都是带可能补语的述补结构，句子不成立。例①的"做得完"应改为"做完"，"被"前加上"能"；例②的"读得完"应改为"读完"，"被"前加上"能"；例③和例④应删去"被"。

韩国学生出现这种错误，是受汉语的影响。汉语中带情态补语的述补结构可以用在"被"字句中，如"我被他气得直哭""屋子被孩子弄得乱七八糟"。受此影响，韩国学生误以为带可能补语的述补结构也可以用于"被"字句中。

（四）"被"字句中状语位置错误

例句

误：

① *桌子上被他**又**堆满了。

② *手机被他**才**找到。

③ *手机**从书包里**被人拿走了。

④ *钱包**从桌子上**被人偷走了。

正：

⑤ 桌子上**又**被他堆满了。

⑥ 手机**才**被他找到。

⑦ 手机被人**从书包里**拿走了。

⑧ 钱包被人**从桌子上**偷走了。

分析

"被"字句中的状语一般放在"被"字的前面。例①的"又"放在了谓语动词"堆满"的前面，例②的"才"放在了谓语动词"找到"的前面，句子不成立，"又""才"应放在"被"前。

表示起点的"从 + 名词"要放在谓语动词前。例③的"从书包里"、例④的"从桌子上"都放在了"被"前面，句子不成立，"从书包里"应放在"拿走"前面，"从桌子上"应放在"偷走"前面。

韩国学生出现这种错误，一是受韩国语的影响。韩国语的状语在句中的位置相对比较灵活，"又"（또）、"才"（겨우）、"从书包里"（가방에）、"从桌子上"（책상에서）的位置变化并不影响语义的表达。受此影响，韩国学生常把汉语状语的位置弄错。二是受汉语的影响。"被"字句中的状语一般位于"被"字前，但有些也可以位于谓语动词前，因此，韩国学生常常搞不清楚状语的正确位置。

链接79

"被"字句中状语的位置:[①]

1. 状语一般位于"被"字前。例如:

① 自行车**大概**被弟弟骑走了。

② 我**快**被你弄糊涂了。

③ 小偷**没**被警察发现。

④ 手机使不了了,**别**被孩子玩坏了吧?

2. 表示起点、方向或描写行为、动作的状语一般放在谓语动词前。例如:

① 你的箱子是被人**从这儿**拿走的。

② 我的自行车被人**往外**挪了。

③ 衣服被妈妈**一件一件地**洗干净了,不用再洗了。

(五)误用"被"字句

例句

误:

① *在入口被查了我的口袋和行李。

② *踢球的时候,可能**被**伤了脚。

③ *留学生一进学校就**被**考试。

④ *第一个徒弟的棋艺提高很快,第二个徒弟呢还和原来差不多,因此**被**他们进行了一次比赛。

正:

⑤ 在入口查了我的口袋和行李。

⑥ 踢球的时候,可能伤了脚。

---

① 参见杨德峰(2009)《对外汉语教学核心语法》,北京:北京大学出版社。

⑦ 留学生一进学校就考试。

⑧ 第一个徒弟的棋艺提高很快,第二个徒弟呢还和原来差不多,因此安排他们进行了一次比赛。

分析

"被"字句中受事是主语。例①中"查"的受事是其宾语"我的口袋和行李",而不是其主语,不应用"被"字句,"被"应该删去。例②中"伤"的受事是其宾语"脚",而不是其主语,不应用"被"字句,"被"应该删去。

"被"字句的谓语动词应该是及物动词。例③的谓语动词"考试"不是及物动词,不应用"被"字句,"被"应该删去。例④的谓语动词"进行"也不是及物动词,不应用"被"字句,"被"应该删去,在"他们"前加上"安排"。

韩国学生出现这种错误,是受汉语的影响。汉语的"被"字句有遭受义,因此,韩国学生误以为凡是具有遭受义的都可以使用"被"字句,而忽略了"被"字句的其他条件。

(六)误用"为……所 + 动词"句代替"被"字句

例句

误:

① *孔子为人民所称作伟大的思想家。

② *美元为大家所称为重要的货币。

③ *李舜臣为我们所看作英雄。

④ *这位老师为学生所当作好老师。

正:

⑤ 孔子被人民称作伟大的思想家。

⑥ 美元被大家称为重要的货币。

⑦ 李舜臣被我们看作英雄。

⑧ 这位老师**被**学生当作好老师。

分析

"为……所 + 动词"是书面化的表示被动的句式,该句式中的谓语动词后不能带宾语。例①—④的谓语动词"称作""称为""看作""当作"后面带宾语了,句子不成立,应分别改为"孔子被人民称作伟大的思想家""美元被大家称为重要的货币""李舜臣被我们看作英雄""这位老师被学生当作好老师"。

韩国学生出现这种错误,是受汉语的影响。汉语"被"字句和"为……所 + 动词"句都表示被动,因此,韩国学生误以为"被"字句和"为……所 + 动词"句完全相同,因而出现误用的情况。

链接80

"被"字句和"为……所+动词"句的区别:

1."被"字句

"(主语)+ 被 +(宾语)+ 动词 + 其他成分",这样的句子叫作"被"字句。例如:

① 那个大苹果**被**弟弟吃了。

② 哥哥的手机**被**我用坏了。

③ 他的自行车**被**偷走了。

(1)"被"的宾语

"被"后可以有宾语,也可以没有。"被"的宾语一般是名词(短语),可以是已知的,也可以是未知的,这一点与"把"字句不同。例如:

① 那本书被**我**还了。("我"是已知的)

② 衣服都被**妈妈**洗干净了。("妈妈"是已知的)

③ 我的书被**谁**拿走了。("谁"是未知的)

④ 她被**人**骗了。("人"是未知的)

⑤ 你的自行车被**一个人**骑走了。("一个人"是未知的)

(2)"被"字句的谓语动词

"被"字句的谓语动词必须是及物动词,而且动词后必须有补语、宾语、动态助词等,或者动词前必须有状语。例如:

① 空调被老师**关上**了。

② 衣服都被妈妈**洗干净**了。

③ 那本书被我**送给那个孩子**了。

④ 手机里的短信都被我**删**了。

⑤ 他的建议被大会**全票否决**了。

注意

1."被"字句中,动态助词"了""过"可以出现在动词后面,但是"着"不行。例如:

① 那个孩子被人打**了**。

② 她被人骗**过**。

2. 带可能补语的述补结构不能做"被"字句的谓语动词。下面的说法都是错误的:

① *老师写的字很大,被我们**看得到**。

② *啤酒太多了,被我们**喝不完**。

2."为……所+动词"句

"为……所+动词"表示被动,用于书面语。例如:

① 大家为她的歌声**所吸引**,纷纷围过来。

② 我们为孩子的行动**所感动**。

③ 这个道理已经**为无数的事实所证明**。

注意

"为……所+动词"中的动词不能带宾语。

六、"连"字句使用中的错误

（一）"连"后成分错误

例句

误：

① *人太多, 连**空地**也找不到了。

② *最近太忙, 连**时间**也找不出来。

③ *北京物价比天津贵, 连**衣服**都很贵。

④ *我觉得深圳比广州更干净, 连**建筑物**都干净。

正：

⑤ 人太多, 连**一点儿空地**也找不到了。

⑥ 最近太忙, 连**一点儿时间**也找不出来。

⑦ 北京物价比天津贵, 连**水**都很贵。

⑧ 我觉得深圳比广州更干净, 连**厕所**都干净。

分析

"连"字句是一种强调句, 一般句式为"连……都 / 也……", "连"后面的成分是提到的一类事物或情况中最极端的一个, 可以是最多的、最容易的、最聪明的、最好的……也可以是最少的、最难的、最笨的、最坏的……通过强调极端情况, 来说明一般情况更是如此, 或突出、强调某种情况。

例①的"空地"是一种事物, 不是极端情况; "空地"前加上"一点儿", 表示最小量, "一点儿空地"是一种极端情况。例②的"时间"是一种客观存在, 不是极端情况; "时间"前加上"一点儿", 表示最小量, "一点儿时间"是一种极端情况。例③的"衣服"也是一种事物, 也不是极端情况, 可以改为"水"。因为对中国人来说, "水"是最便宜的东西, 是一种极端情况, 如果水都很贵, 那就意味着物价高。例④的"建筑物”也是一种事物, 也不是极端情况, 可以改为“厕所”。因为在中国人的心目中,“厕所”是最不干净的地方, 是一种极端情况, 如果厕所都很干净, 那就意味着什么地方都干净。

韩国语中,“连”和“也”对应的都是“도”, 该词引入的并不一定是极端情况。受母语影响, 韩国学生使用“连”字句时,“连”后成分常常出现问题。

(二) 误用“连”字句

例句

误:

① *刚来中国的时候, 那个朋友**连**汉字都不认识。

② *刚开始学汉语的时候, 他**连**拼音都不知道。

③ *来中国的所有的外国人都会胖, 怎么**连**中国人每天吃中国菜, 也还那么瘦?

④ *他很努力, 怎么**连**天天写汉字, 字也不好?

正:

⑤ 刚来中国的时候, 那个朋友汉字都不认识。

⑥ 刚开始学汉语的时候, 他拼音都不知道。

⑦ 来中国的所有的外国人都会胖, 怎么中国人每天吃中国菜, 也还那么瘦?

⑧ 他很努力, 怎么天天写汉字, 字也不好?

分析

例①—④都是“连”字句。例①的“汉字”虽然是极端的事物(记录汉语的文字, 外国人普遍认为很难), 但是整个句子并没有要通过强调不认识汉字, 来达到强调词汇等更不认识的意思, 因此, 不应用“连”字句,“连”应删去。例②的“拼音”虽然是极端的事物(汉语学习中最基础的），但是整个句子并没有要通过强调不知道拼音，来达到强调汉字、词汇等更不知道的意思，因此，不应用"连"字句，"连"应删去。例③的"中国人每天吃中国菜"只是一种情况，并非极端情况，也不应用"连"字句，"连"也应删去。例④的"天天写汉字"只是一种学习汉语的情况，并非极端情况，也不应用"连"字句，"连"也应删去。

韩国语中，"连……都……""连……也……"对应的都是"도"，只要表示程度比较高就可以使用，并不一定是极端情况。受母语影响，韩国学生经常误用"连"字句。

链接81

"连"字句的用法：

1."连＋名词（短语）＋都／也……"。例如：

① 这个道理连孩子都知道！

② 今天非常忙，大家连午饭都没吃。

③ 爸爸连电话也不打，太不像话！

④ 弟弟连老师的话也不听。

2."连＋数量（名）＋都／也……"。例如：

① 这个星期我们连一天都没休息。

② 妈妈连一件像样的衣服都没有。

③ 弟弟连一次电影也没看过。

3."连＋动词＋都／也……"。例如：

① 我的事爸爸连问都不问。

② 看到那件衣服很漂亮，她连想都没想就买了。

③ 弟弟拿起苹果，连洗都不洗就吃。

七、"给"字句使用中的错误

（一）"给＋宾语"位置错误

例句

误：

① *我一定要陪你，还要亲手做菜**给你**，怎么样？

② *如果下次有机会的话我做**给你**饭。

③ *注意身体，有空的话写**给我**一封信。

④ *来，我泡**给你**一杯茶。

正：

⑤ 我一定要陪你，还要亲手**给你**做菜，怎么样？

⑥ 如果下次有机会的话我**给你**做饭。

⑦ 注意身体，有空的话**给我**写一封信。

⑧ 来，我**给你**泡一杯茶。

分析

谓语动词为制作类动词，如"做、炒、沏、织、写"等，表示对象的"给＋宾语"应放在动词前。例①、例②的"做"、例③的"写"、例④的"泡"都是制作类动词，但"给＋宾语"却放在了谓语动词后面，句子不成立，例①、例②、例④的"给你"应放在"做""泡"前面，例③的"给我"应放在"写"前面。

韩国语中表示对象的"给＋宾语"结构都是以助词"—에게"的形式出现，作为修饰谓语动词的状语，既可放在句子的宾语前，也可放在句子的宾语后。如"给你做菜"的韩国语可为"너에게 요리를 하다"（给你菜做），也可为"요리를 너에게 하다"（菜给你做）。但汉语的"给＋宾语"有的只能出现在动词前，如"妈妈给我做饭""我给妈妈倒酒"；有的只能出现在动词后，如"这部手机卖给你""作业发

给学生"。受母语影响，韩国学生常把"给 + 宾语"位置弄错。

链接82

"给 + 宾语"的位置： [①]

1."给 + 名词（短语）+ 动词"主要有五种情况：

(1) 名词（短语）表示交付或传递的接受者。例如：

① 到了中国以后给**我**打电话。

② 我给**妈妈**发短信了，让妈妈放心。

③ 有事给**我**发邮件。

(2) 名词（短语）表示动作的受益者。例如：

① 大夫给**病人**看病。

② 我工作很忙，只好让妈妈来给**我**看孩子。

③ 哥哥到北京来玩，我给**他**当翻译。

(3) 名词（短语）表示动作的受害者。例如：

① 真倒霉，手机我给**他**弄丢了。

② 你看这孩子，窗户的玻璃给**邻居家**打破了。

(4) 名词（短语）表示对象或说话人的意志。例如：

① 今天你在家，把衣服给**我**洗洗。

② 把电视给**我**关了，赶快去睡觉!

(5) "给 + 名词（短语）"表示被动。例如：

① 我的手机给**孩子**摔坏了。

② 我的头发全给**雨淋湿**了，太难看了。

③ 窗户给**风**吹开了，你去关一下吧。

2."动词 + 给 + 名词（短语）"，动词一般是表示取得或给予的，像"留、送、发、借、卖、租、还、寄"等。例如：

---

① 参见吕叔湘（1999）《现代汉语八百词》（增订本），北京: 商务印书馆。

① 作业老师**发给大家**了，你没看见吗？

② 那本书我**还给图书馆**了。

③ 圣诞礼物妈妈**寄给我**了。

（二）误用"给"字句

例句

误：

① *请你们告诉**给**贵公司香水的价格、包装方式、香水的种类等
情况。

② *老师通知**给**学生考试的时间。

③ *当然政府交**给**一些钱，但那些钱并不多。

④ *圣诞节的时候爷爷送**给**了一件礼物。

正：

⑤ 请你们告诉贵公司香水的价格、包装方式、香水的种类等情况。

⑥ 老师通知学生考试的时间。

⑦ 当然政府交一些钱，但那些钱并不多。

⑧ 圣诞节的时候爷爷送了一件礼物。

分析

谓语动词"告诉"和"通知"的对象前面不能使用"给"，例①、
例②的"给"应该删去。谓语动词"交"后面可以出现介词"给"，但
"给"后面应该出现接受的对象，例③"给"后出现的不是接受的对
象，而是被交的东西，因此句子不成立，"给"应删去。谓语动词"送"
后面可以出现介词"给"，但"给"后面应该出现接受的对象，例
④"给"后出现的不是接受的对象，而是被送的东西，因此句子不成立，
"给"应删去。

"告诉"的韩国语为"—에게 알려 주다"，"通知"的韩国语为
"—에게 알리다"，"交"的韩国语为"—에게 주다"，"送"的韩国

语为"—에게 보내다",它们中都包含有助词"—에게"(给)。受此影响,韩国学生常常误用"给"。

八、"有"字存在句主语错误

例句

误:

① *在韩国每年**有**几个节日?

② *在广州**有**这么多东西,而且很便宜。

③ *在这里**有**朋友和我表弟。

④ *在那边**有**毛巾和肥皂。

正:

⑤ 韩国每年**有**几个节日?

⑥ 广州**有**这么多东西,而且很便宜。

⑦ 这里**有**朋友和我表弟。

⑧ 那边**有**毛巾和肥皂。

分析

"有"字存在句的主语为处所词,处所词前不能出现介词"在"。例①—④是"有"字存在句,但是主语"韩国""广州""这里""那边"等处所词的前面都有介词"在",句子不成立,"在"都应删去。

韩国语表示处所的助词是"—에"(在),不论在句首和句中都不能省略。受母语影响,韩国学生常在做主语的处所词前误加"在"。

九、误用"使"字兼语句代替"让"字兼语句

例句

误:

① *首尔的交通**使**游客觉得很方便。

② *这学期的汉语课**使**大家觉得汉语很有意思。

③ *这件事**使**我们终生难忘。

④ *这部电影**使**我记住了李连杰。

正：

⑤ 首尔的交通**让**游客觉得很方便。

⑥ 这学期的汉语课**让**大家觉得汉语很有意思。

⑦ 这件事**让**我们终生难忘。

⑧ 这部电影**让**我记住了李连杰。

分析

"使"和"让"都有"致使"的意思，但是"使"多用于表示不好的情况，而"让"却没有这种限制。例①—④表示的都是好的情况，但却用了"使"，句子不成立，"使"应改为"让"。

韩国语中，"使"和"让"对应的都是"—게 하다"或"시키다"，并没有好、坏的分别。受母语影响，韩国学生常误用"使"字兼语句代替"让"字兼语句。

链接83

"使"和"让"的区别：

1. 使

（1）"使"后的谓语动词表示结果或状态。例如：

① 这件事**使**我难受了好几天。

② 虚心**使**人进步，骄傲**使**人落后。

③ 这次大火**使**山林的面积减少了一半。

（2）"使"后面的成分可以是名词性成分，也可以是动词性成分。例如：

① 为了不**使**大家丧失信心，应多说一些鼓励的话。

② 改革开放**使**学习外语达到了一个高潮。

③ 这么做只会**使**积极变成消极。

(3)"使"一般用于书面语,多用于消极的情况。

2. 让

(1)"让"后的谓语动词一般表示目的或动作。例如:

① 我要**让**你知道我的厉害。

② 你这么做,是想**让**我在别人面前难堪。

③ 有什么办法能**让**不喜欢动的孩子动起来呢?

(2)"让"后的谓语动词也可以表示结果或状态,但一般为感知动词或形容词,这种情况下,可以与"使"互换。例如:

① 这件事**让**我难受了好几天。

② 你这么做太**让**我高兴了。

(3)"让"后面只能出现名词性成分。例如:

① 我要**让**你知道我的厉害。

② 这事只**让**弟弟高兴了两天。

(4)"让"可用于口语、书面语,既可以用于消极的情况,也可以用于积极的情况。

第四章 篇章学习中常见的错误

一、冗余

（一）主语冗余

例句

误：

① *儿子拉着爸爸向那个植物奔去，儿子大声喊："爸爸那个植物是什么？去看一看吧。"

② *爸爸也吓了一跳，爸爸张大了嘴，爸爸和孩子一起发呆。

③ *妈妈走进房间，妈妈看到孩子的东西都在地上，很吃惊。

④ *那个时候，儿子发现了一支笔，儿子立刻兴高采烈地拉着爸爸的手。

正：

⑤ 儿子拉着爸爸向那个植物奔去，大声喊："爸爸那个植物是什么？去看一看吧。"

⑥ 爸爸也吓了一跳，张大了嘴，和孩子一起发呆。

⑦ 妈妈走进房间，看到孩子的东西都在地上，很吃惊。

⑧ 那个时候，儿子发现了一支笔，立刻兴高采烈地拉着爸爸的手。

分析

汉语同一个话题链内部，各分句之间倾向于用零形式连接，即后面各分句的主语一般可以省略。例①两个分句的话题都是"儿子",第二个分句中的"儿子"应该删去。例②三个分句的话题都是"爸爸",第二个、第三个分句中的"爸爸"都应该删去。例③两个分句的话题都是"妈妈",第二个分句中的"妈妈"应该删去。例④两个分句的话题都是"儿子",第二个分句中的"儿子"应该删去。

韩国语中亲属类词语,如"爸爸"(아버지)、"妈妈"(어머니)、"儿子"(아들)等一般不能省略。受母语影响,韩国学生常常该省略主语时没有省略。

(二)定语冗余

例句

误:

① *儿子看起来非常想知道,**儿子的**眼睛好像黑黑的珍珠一样。

② *妈妈打扫完房间,**妈妈的**脸上都是汗。

③ *我很紧张,**我的**手心里出了很多汗。

④ *我认真地吃火锅时,突然**我的**朋友很焦急地说:"你的头发!你的头发!头发着了。"

正:

⑤ 儿子看起来非常想知道,眼睛好像黑黑的珍珠一样。

⑥ 妈妈打扫完房间,脸上都是汗。

⑦ 我很紧张,手心里出了很多汗。

⑧ 我认真地吃火锅时,突然朋友很焦急地说:"你的头发!你的头发!头发着了。"

分析

汉语中,如果后一分句的主语的定语和前一分句的主语相同,而且定语表示的是领属关系,那么后一个分句主语的定语通常省略。例①—④中表示领属关系的定语和前一分句的主语一样,但定语却没省略。例①中的"儿子的"、例②中的"妈妈的"、例③、例④中的"我的"
都应该删去。

韩国语中表示具体事物的领属关系的定语不能省略。"儿子的
眼睛"韩国语为"아들의 눈",定语"아들의"（儿子的）不能省略；
"妈妈的脸"韩国语为"어머니의 얼굴",定语"어머니의"（妈妈
的）不能省略；"我的手心"和"我的朋友"韩国语分别为"나의
손바닥""나의 친구",定语"나의"（我的）都不能省略。受母语影响，
汉语该省略定语时韩国学生常常没有省略。

（三）宾语冗余

例句

误：

① *等了几分钟来了一辆**出租汽车**,我立即坐上去**出租汽车**。
② *我们看着**她们的手语**,一边笑着一边模仿起来了**她们的手语**。
③ *韩国人都爱吃**辣的菜**,所以他们每天吃**辣的菜**。
④ *那里有**好吃的韩国菜**,我周末去吃**好吃的韩国菜**。

正：

⑤ 等了几分钟来了一辆**出租汽车**,我立即坐上去。
⑥ 我们看着**她们的手语**,一边笑着一边模仿起来了。
⑦ 韩国人都爱吃**辣的菜**,所以他们每天吃。
⑧ 那里有**好吃的韩国菜**,我周末去吃。

分析

汉语的两个分句的宾语如果相同，则第二个分句的宾语一般可
以省略。例①两个分句的宾语都是"出租汽车"，例②两个分句的宾
语都是"她们的手语"，例③两个分句的宾语都是"辣的菜"，例④两
个分句的宾语都是"好吃的韩国菜"，但第二个分句的宾语都没有省
略。例①—④第二个分句中的宾语"出租汽车""她们的手语""辣的

菜""好吃的韩国菜"都应该删去。

韩国语的句子是SOV型的,宾语位于句子的中间,宾语省略后会产生结构上的问题。受母语影响,韩国学生说汉语时,经常出现该省略宾语而没有省略的情况。

二、漏用

(一)主语漏用

例句

误:

① *作文材料上有两只狗,一只狗走路时看到一面镜子,镜子里照出的自己的形象比自己真正的形象更大,所以很有自信地走着;另一只狗在走路时也看到一面镜子,但镜子里照出的形象很小,所以很不自信地走着。

② *终于他开始航海,发现了新大陆。就是相信自己的结果。

③ *那位口语老师鼓励我,帮我找到自信。终于,口语考试得了93分。

④ *他每天帮我复习,我的汉语越来越好。最后,通过了HSK。

正:

⑤ 作文材料上有两只狗,一只狗走路时看到一面镜子,镜子里照出的自己的形象比自己真正的形象更大,所以很有自信地走着;另一只狗在走路时也看到一面镜子,但镜子里照出的形象很小,所以**这只狗**很不自信地走着。

⑥ 终于他开始航海,发现了新大陆。**这**就是相信自己的结果。

⑦ 那位口语老师鼓励我,帮我找到自信。终于,口语考试**我**得了93分。

⑧ 他每天帮我复习,我的汉语越来越好。最后,**我**通过了HSK。

分析

例①的"所以很不自信地走着"中缺少主语,前文提到有两只狗,无法确认此处的主语是哪一只,句子指代不清,应该在"所以"后加上主语"这只狗"。例②的"就是相信自己的结果"中缺少主语,应该在"就是"前加上主语"这"。例③的"口语考试得了93分"中缺少主语,由于前面的分句中出现了两个人物,缺少主语以后,指代不清,应该在"口语考试"后加上主语"我"。例④的"通过了HSK"中缺少主语,由于前面的分句中出现了两个人,缺少主语以后,指代不清,应该在"通过"前加上主语"我"。

由于句式和连词的影响,韩国语有时不需要主语。"另一只狗在走路时也看到一面镜子,但镜子里照出的形象很小,所以这只狗很不自信地走着"韩国语为"다른 개도 길에서 거울을 봤는데 거울에 비친 이미지는 대단히 작다. 그래서 정말 자신없이 걸어서 가고 있었다",此句中的"그래서"(所以)后并没有主语,但句子依然成立。"终于他开始航海,发现了新大陆。这就是相信自己的结果"韩国语为"그는 끝내 항해 시작하고 신대륙을 발견한 것은 바로 자기를 믿는 결과이다",直译成汉语是"终于他开始航海,发现了新大陆,就是相信自己的结果"。此处韩国语中,"―ㄴ 것"的使用将"就是"前的两个分句变成了句子的主语,"就是"前无需另外添加主语。"那位口语老师鼓励我,帮我找到自信。终于,口语考试我得了93分"韩国语为"그 구어 선생님은 나에게 격려와 도움을 보내주었고 나는 자신감을 찾았다. 나중에 구어시험은 93점을 받았다"。韩国语中,"口语考试"充当了第二句的话题主语,因此并不需要添加主语"我"。"他每天帮我复习,我的汉语越来越好。最后,我通过了HSK"韩国语为"그는 매일 복습을 도와 줘 나는 중국어를 점점 좋아지고 있다. 마지막으로 HSK를 통과했다"。韩国语中,第二个分句中的"我的汉语"变成了话

题，后面的一句顺接上一句，因此并不需要再添加主语"我"。受母语影响，主语不该省略时韩国学生常常省略了。

（二）定语漏用

例句

误：

① *她培养了这么出众的儿子，可以把她当成贤妻良母的代表，而且画和诗很好，真是多才多艺。

② *他有很多优秀的学生，而且品德也很好。

③ *还有他的朋友也受了伤，他用布把下巴包扎起来。

④ *骑自行车的时候，他和朋友撞了，他用纸把腿上的血擦干净。

正：

⑤ 她培养了这么出众的儿子，可以把她当成贤妻良母的代表，而且**她的**画和诗很好，真是多才多艺。

⑥ 他有很多优秀的学生，而且**学生的**品德也很好。

⑦ 还有他的朋友也受了伤，他用布把**朋友的**下巴包扎起来。

⑧ 骑自行车的时候，他和朋友撞了，他用纸把**朋友**腿上的血擦干净。

分析

例①的"画和诗"前面没有定语，不知道是"儿子的"，还是"她的"，因此，应该在"画和诗"前加上定语"她的"。例②的"品德"前面没有定语，不知道是指"他的"，还是"学生的"，因此，应该在"品德"前加上定语"学生的"。例③的"下巴"前没有定语，不清楚是"他的"，还是"朋友的"，因此，应该在"下巴"前加上定语"朋友的"。例④的"腿"前没有定语，不清楚是"他的"，还是"朋友的"，因此，应该在"腿"前加上定语"朋友"。

韩国语中在表示个人技能和身体部位的名词前通常不加定语。受此影响,韩国学生经常出现漏用定语的情况。

（三）宾语漏用

例句

误:

① *那时妈妈不但没有批评还鼓励,所以我鼓起了勇气,第二年考上了大学。

② *他努力学习,但老师没有表扬,所以不自信。

③ *老师经常称赞,他越来越骄傲。

正:

④ 那时妈妈不但没有批评还鼓励**我**,所以我鼓起了勇气,第二年考上了大学。

⑤ 他努力学习,但老师没有表扬**他**,所以不自信。

⑥ 老师经常称赞**他**,他越来越骄傲。

分析

例①的"鼓励"是及物动词,必须带宾语但没带,句子不成立,应该在"鼓励"后加上宾语"我"。例②的"表扬"也是及物动词,必须带宾语但没带,句子不成立,应该在"表扬"后加上宾语"他"。例③的"称赞"也是及物动词,必须带宾语但没带,句子不成立,应该在"称赞"后加上宾语"他"。

"鼓励""表扬"和"称赞"在韩国语中可为"격려를 해 주다""칭찬을 해 주다"和"찬양을 해 주다",在"격려""칭찬""찬양"之前不再加动作涉及对象的宾语。受母语影响,韩国学生经常在这些动词后漏用宾语。

三、指称成分与先行词不一致

例句

误：

① *正当小明认真地听爷爷讲话的时候，一只饥饿的小老鼠看到了**路边的麦子**，就把麦子吃了个精光。小明很气愤，向那只老鼠喊道："你这个可恶的小东西，种**这个麦子**的时候你一滴汗水也没有流过，现在却把麦子吃光了，你太缺德了。"

② *他回家的时候很饿，看到**桌子上的饭菜**，他把**这菜**吃光了。

③ *妈妈在打扫中发现了**很多小玩具**，看起来已经坏了，还很脏，所以把**它**都拿走放在很大的垃圾桶里，然后继续擦地。

④ *他有**很多不用的书**，搬家时把**它**都扔掉了。

正：

⑤ 正当小明认真地听爷爷讲话的时候，一只饥饿的小老鼠看到了**路边的麦子**，就把麦子吃了个精光。小明很气愤，向那只老鼠喊道："你这个可恶的小东西，种**这些麦子**的时候你一滴汗水也没有流过，现在却把麦子吃光了，你太缺德了。"

⑥ 他回家的时候很饿，看到**桌子上的饭菜**，他把**这些菜**吃光了。

⑦ 妈妈在打扫中发现了**很多小玩具**，看起来已经坏了，还很脏，所以把**它们**都拿走放在很大的垃圾桶里，然后继续擦地。

⑧ 他有**很多不用的书**，搬家时把**它们**都扔掉了。

分析

例①中的"这个麦子"中的"麦子"是前面提到的"路边的麦子"，应该是复数，但是"麦子"前面却用了表示单数的"这个"，句子不成立，应将"这个"改为"这些"。例②中的"这菜"中的"菜"是前面提到的"桌子上的饭菜"，应该是复数，所以不应用"这"，而应将"这"

改为"这些"。例③中要清理的东西是"很多小玩具"，也是复数，而代词却用了单数第三人称代词"它"，句子不成立，应该将"它"改为"它们"。例④中要扔掉的东西是"很多不用的书"，也是复数，却用了单数第三人称代词"它"，句子不成立，应该将"它"改为"它们"。

　　韩国学生出现这种错误，是母语的负迁移。例①、例②中的"这些"做指示词时，韩国语是"이"，不区分单、复数，因此韩国学生常常会用"这个"或"这"来代替"这些"。例③、例④中的"它"韩国语是"그"，也没有单、复数之分，因此韩国学生常常用"它"代替"它们"。

四、指示代词使用中的错误

（一）漏用指示代词

例句

误：

① *一只狗发现自己的样子很大，另一只狗发现自己的样子很小，**一**只自己认为自己的样子很大的狗得意洋洋地吸着烟。

② *我们可以从霍金和**一位**篮球运动员这两个例子可以看到外表不能决定一切，人的内心才更重要。

③ *那时候，一只老鼠过来了，它很饿，受不了了。它一看见那个植物，就有了胃口。爸爸和儿子因为不停地聊天，所以没注意到**一**只小老鼠。

④ *一辆车开过来，他过马路没有注意，**一辆**车撞了他。

正：

⑤ 一只狗发现自己的样子很大，另一只狗发现自己的样子很小，**那**只自己认为自己的样子很大的狗得意洋洋地吸着烟。

⑥ 我们可以从霍金和**那位**篮球运动员这两个例子可以看到外表不能决定一切，人的内心才更重要。

⑦ 那时候，一只老鼠过来了，它很饿，受不了了。它一看见那个植物，就有了胃口。爸爸和儿子因为不停地聊天，所以没注意到**这只小老鼠**。

⑧ 一辆车开过来，他过马路没有注意，**那辆**车撞了他。

分析

　　例①中的"一只自己认为自己的样子很大的狗"、例②中的"一位篮球运动员"、例③中的"一只小老鼠"和例④中的"一辆车"从语篇来看都不是第一次出现，应该使用定指，但都没使用，因此句子不成立。例①的"一只"应改为"那只"，例②的"一位"应改为"那位"，例③的"一只"应改为"这只"，例④的"一辆"应改为"那辆"。

　　例⑤中的"那只自己认为自己的样子很大的狗得意洋洋地吸着烟"韩国语是"자기 크다고 생각한 개는 의기양양하게 담배를 피우고 있다"，汉语可译为"自己认为自己的样子很大的狗得意洋洋地吸着烟"；例⑥中的"从霍金和那位篮球运动员这两个例子"韩国语是"호킹과 한 농구 선수의 그 두 예에"，直译成汉语是"从霍金和一位篮球运动员这两个例子"；例⑦中的"没注意到这只小老鼠"韩国语是"한 작은 쥐를 알아차리지 못했다"，直译成汉语是"没注意到一只小老鼠"；例⑧中的"那辆车撞了他"韩国语是"그는 차에 부딪쳤다"，汉语可译为"一辆车撞了他"。受母语影响，韩国学生经常该使用指示代词时却没有使用。

（二）误加指示代词

例句

误：

① *随着科学的发展，每个家庭里都有电脑，而且**那个**电脑里有电脑病毒。

② *现在很多人都有手机，但**那个**手机里的软件不一样。

③ *我们一定要看很多方面，不要一看就决定**那个**场景。

④ *考试时慢慢来，不要马上做**那个**考题。

正：

⑤ 随着科学的发展，每个家庭里都有电脑，而且电脑里有电脑病毒。

⑥ 现在很多人都有手机，但手机里的软件不一样。

⑦ 我们一定要看很多方面，不要一看就决定场景。

⑧ 考试时慢慢来，不要马上做考题。

分析

例①中的"电脑里有电脑病毒"并不是特指某个电脑，而是泛指，因此不应该使用定指的"那个"，应该删去"那个"。例②中的"手机里的软件不一样"并不是特指某部手机，而是泛指，因此不应该使用定指的"那个"，应该删去"那个"。例③中的"场景"也不是特指，也不应该使用定指的"那个"，"那个"应删去。例④中的"考题"也不是特指考试中的某一个题目，也不应该使用定指的"那个"，"那个"应删去。

例⑤的"每个家庭里都有电脑，而且电脑里有电脑病毒"韩国语是"모든 가정에 컴퓨터는 다 있고 그 컴퓨터에 바이러스 있다"，其中"그 컴퓨터"直译成汉语是"那个电脑"。例⑥的"现在很多人都有手机，但手机里的软件不一样"韩国语是"현재 많은 사람들이 휴대폰을 가지고 있지만 그 폰에 소프트웨어는 다르다"，其中"그 폰"直译成汉语是"那个手机"。例⑦的"我们一定要看很多方面，不要一看就决定场景"韩国语是"우리는 꼭 많은 방면을 봐야 한다. 한 번 보고 그 정경을 결정하지 말아야 한다"，其中"그 정경"直译成汉语是"那个场景"。例⑧的"考试时慢慢来，不要马上做考题"韩国语是"시험을 볼 때 천천히 해야 한다. 금방 그 시험 문제를 하지 말아야 한다"，其中"그 시험 문제"直译成汉语是"那个考题"。受母语影响，韩国学生常常不该用指示代词时却使用了。

（三）误用"那"代替"这"

例句

误:

① *为什么两只狗中, 一只狗是大摇大摆的样子, 而另一只狗是完全没力气的样子呢? **那**是因为那只看起来没有力气的狗轻视自己, 对自己没有信心。

② *为什么我的朋友学汉语时间很短, 但汉语说得很好呢? **那**是因为他每天都和中国人聊天。

③ *世界上大多数的孩子认为自己的父母说什么都是对的, 但是**那**句话可能是吹牛。

④ *总之, 中国的饮食有很多特点。我想说品尝一个国家的饮食, 是了解**那**个国家文化的一种最好的方法。

正:

⑤ 为什么两只狗中, 一只狗是大摇大摆的样子, 而另一只狗是完全没力气的样子呢? **这**是因为那只看起来没有力气的狗轻视自己, 对自己没有信心。

⑥ 为什么我的朋友学汉语时间很短, 但汉语说得很好呢? **这**是因为他每天都和中国人聊天。

⑦ 世界上大多数的孩子认为自己的父母说什么都是对的, 但是**这**句话可能是吹牛。

⑧ 总之, 中国的饮食有很多特点。我想说品尝一个国家的饮食, 是了解**这**个国家文化的一种最好的方法。

分析

例①、例②中指代前面提出的问题, 不应用远指的"那","那"应改为"这"。例③中指代前一句话, 不应用远指的"那","那"也应改为"这"。例④中指代前一句提到的国家, 也不应用远指的"那",

"那"同样应改为"这"。

韩国语中用于指代前面提及的事物的指示词是"그",翻译成汉语是"那"。受母语影响,韩国学生常常误用"那"代替"这"。

五、时间连接成分的误用

(一)同时性时间连接成分的误用

例句

误:

① *有一天,两只狗向相反的路上走,第一只狗发现凹面的镜子,镜子里面的自己样子变大了。**同时间**,在别的地方,另一只狗发现凸面的镜子,但这只狗的样子在镜子里变小了。

② *暑假的时候,同学们去旅游了。**这时间**,他在家里复习。

③ ***当时**,它开始吃米,但爸爸和孩子还不知道。

④ ***那时候**,儿子看到一个东西,他问爸爸:"爸爸,这个是什么?"

正:

⑤ 有一天,两只狗向相反的路上走,第一只狗发现凹面的镜子,镜子里面的自己样子变大了。**同一时间**,在别的地方,另一只狗发现凸面的镜子,但这只狗的样子在镜子里变小了。

⑥ 暑假的时候,同学们去旅游了。**这段时间**,他在家里复习。

⑦ **这时**,它开始吃米,但爸爸和孩子还不知道。

⑧ **这时候**,儿子看到一个东西,他问爸爸:"爸爸,这个是什么?"

分析

汉语中只有"同一时间"或"同时",而没有"同时间",例①的"同时间"应改为"同一时间"。汉语中只有"这段时间"或"这期间",而没有"这时间",例②的"这时间"应改为"这段时间"。"当时"表示过去某一时间,而例③描述的是眼前发生的事情,不应用"当时","当时"应改为"这时"。例④描述的也是眼前发生的事情，不应用"那时候"，"那时候"应改为"这时候"。

"同一时间"韩国语为"같은 시간"，直译成汉语是"同时间"；"这段时间"韩国语是"그 기간"，汉语可译为"那时间""这时间"；"这时"和"这时候"韩国语都是"그 때"，汉语可译成"当时""那时"或者"那时候"。受此影响，韩国学生常常误用同时性时间连接成分。

（二）后时性时间连接成分的误用

例句

误：

① *孩子听完后开心地对爸爸说："爸，那么我们也养那个东西吧。"后看那个东西，可是那个东西已经被一只老鼠吃掉了。

② *复习生词以后，他看电视，后睡觉了。

③ *所以妈妈抱着玩具出去，然后把玩具扔在垃圾桶里面，然后回去继续打扫。

④ *妈妈不满地说："我上次已经说了，再不整理的话全部扔掉！"然后她把那些玩具扔在垃圾桶里，以后把刚才那个地方都擦完后去市场了。

正：

⑤ 孩子听完后开心地对爸爸说："爸，那么我们也养那个东西吧。"然后看那个东西，可是那个东西已经被一只老鼠吃掉了。

⑥ 复习生词以后，他看电视，然后睡觉了。

⑦ 所以妈妈抱着玩具出去，把玩具扔在垃圾桶里面，然后回去继续打扫。

⑧ 妈妈不满地说："我上次已经说了，再不整理的话全部扔掉！"然后她把那些玩具扔在垃圾桶里，把刚才那个地方都擦完后去

市场了。

分析

方位词"后"表示时间时，常与"先"配合使用，构成"先 + 动词……后 + 动词"。例①、例②中都只出现了"后"，没有"先"与之配合，句子不成立，"后"应改为"然后"。例③的后两个分句中都有连词"然后"，有些冗余，应将第二个分句中的"然后"删去。例④的后两个分句中有"然后""以后"两个表示后时性的连接成分，有些冗余，应将"以后"删去。

韩国语中的"…후"可以表示"然后"，直译成汉语是"后"。受母语影响，韩国学生易用"后"代替"然后"。

韩国语中"然后"有多种表达形式，像"그 다음""그 후""动词+후"等，而且韩国语语篇中经常连续使用不同的后时性时间连接成分。受母语影响，韩国学生易出现过多使用后时性时间连接成分的情况。

链接84

篇章中的时间连接成分：

汉语篇章中的时间连接成分有三种：先时性时间连接成分、同时性时间连接成分和后时性时间连接成分。

(1) 先时性时间连接成分表示某一事件发生在另一事件的前面，这样的连接成分主要有"先、首先、以前、从前、原来、本来、过去、事先、直到现在、直到那时"等。例如：

　① 你**先**说，我后说。

　② **以前**我家住在上海，2013年才搬到北京。

　③ 他结婚**事先**我们都不知道，结婚的当天我们才知道。

(2) 同时性时间连接成分表示两个或两个以上的事件发生在同一个时间，这样的连接成分主要有"同时、这时、那时、与此同时、就在这个时候"等。例如：

 ① 你们这边准备着，让那边的人也**同时**准备。

 ② **那时**如果有人能够帮他一下，他也不会出事。

  （3）后时性时间连接成分表示某一事件发生在另一事件的后面，这样的连接成分主要有"以后、后来、此后、随后、随即、接着、接下来、从此以后、马上、立刻、过了一会儿、不一会儿、一会儿以后"等。例如：

 ① 今天没请假可以原谅，**以后**不请假就不可原谅了。

 ② 毕业以后我们见过一面，**后来**就再也没见过。

 ③ 你们先吃吧，我**马上**就到。

六、空间连接成分的误用

例句

误：

 ① *这个地方很好，从**这个地方**能看到很美的北京夜景。

 ② *但六岁的我，没想到**那个地方**是那么高，就直接跳下来了，但腿感到特别痛以后才知道，**那个地方**很高，如果我从**那个地方**下边看的话，不会从**那个地方**跳下去的。

 ③ *然后他带着笑容，打开礼物，**里面**有在越南容易看到的白色的箱子。他高兴地说："啊，可以了，我也有圣诞节礼物了。"**里面**有他最喜欢的羽毛球用品。

 ④ *昨天我出去买水，天气很冷，—10度而且刮大风。我走在路上看到一个游泳馆，**这里面**有几个人在游泳。

正：

 ⑤ **这个地方**很好，从**这里**能看到很美的北京夜景。

 ⑥ 但六岁的我，没想到**那个地方**是那么高，就直接跳下来了，但腿

感到特别痛以后才知道，**那里**很高，如果我从**那儿**下边看的话，不会从**那里 / 那儿**跳下去的。

⑦ 然后他带着笑容，打开礼物，**里面**有在越南容易看到的白色的箱子。他高兴地说："啊，可以了，我也有圣诞节礼物了。"**箱子里面**有他最喜欢的羽毛球用品。

⑧ 昨天我出去买水，天气很冷，—10度而且刮大风。我走在路上看到一个游泳馆，**那里面**有几个人在游泳。

分析

例①的"这个地方"在前面的分句中已经出现了，有些冗余，后一个分句的"这个地方"应改为"这里"。例②的"那个地方"在前面的分句中已经出现了，但是后面多个分句中又多次出现，有些冗余，后面各分句中的"那个地方"都应改为"那里"或者"那儿"。例③中有两个"里面"做句子的主语，第一个"里面"和第二个"里面"所指不同，但形式一样，因此句子不成立，应该在第二个"里面"前加上"箱子"。例④讲述的是以前的经历，但却使用了近指的"这里面"，因此句子不成立，"这里面"应改为"那里面"。

"这里"韩国语是"이곳"，直译成汉语是"这个地方"；"那里""那儿"韩国语是"거기"，直译成汉语是"那个地方"。受母语影响，韩国学生常用"这个地方"代替"这儿"或"这里"，用"那个地方"代替"那儿"或"那里"，从而出现例①、例②这样的错误。

例⑦的韩国语是："안에 베트남에 항상 보는 흰색 상자 있다. '아!되다!나도 크리스마스 선물이 있다.' 라고 그는 기뻐하며 말했다. 안에 그는 가장 좋아하는 배드민턴 용품이 있다。"韩国语中，第一句和第三句都用了"안에"（里面），受母语影响，韩国学生经常出现例③这样的错误。

"那里面"韩国语为"그 안에"，但是"그"在汉语中可对应代词

"那"和"这",也就是说韩国语中"这里面"和"那里面"不分。受母语影响,韩国学生常常混用"这里面"和"那里面",出现例④这样的错误。

七、逻辑连接成分的误用

(一)逻辑连接成分冗余

例句

误:

① *有的人不愿意去医院,不舒服时就自己买药吃。**再说**,我觉得这样的话比较好。

② *我同屋每天学习,**还**跑步,**还**喝茶。

③ *他喜欢中国武术,**而且**爱唱流行歌曲,**而且**爱吃中国菜。

④ *韩国的拌饭很多外国人觉得特别辣,**但是**让人惊奇的是,虽然很辣,**但是**他们很喜欢吃。

正:

⑤ 有的人不愿意去医院,不舒服时就自己买药吃。我觉得这样的话比较好。

⑥ 我同屋每天学习,跑步,**还**喝茶。

⑦ 他喜欢中国武术,爱唱流行歌曲,**而且**爱吃中国菜。

⑧ 韩国的拌饭很多外国人觉得特别辣,**但是**让人惊奇的是,虽然很辣,他们**却**很喜欢吃。

分析

"再说"表示推进一层,例①的"我觉得这样的话"是对前面分句叙述的情况的总结,并没有推进一层的意思,不应用"再说","再说"应该删去。例②的第二个分句和第三个分句都出现了副词"还","还"冗余,第二个分句的"还"应该删去。例③的第二个分句和第三个分句都出现了表示递进关系的连词"而且"，"而且"冗余，第二个分句中的"而且"应该删去。例④的第二个分句和第四个分句都出现了连词"但是"，显得重复，第四个分句的"但是"应该删去，在"他们"后加上"却"。

　　韩国学生出现这种错误，主要是受汉语的影响。"再说"表示推进一层，这种意思韩国学生常常很难把握，在不该使用"再说"的时候误用"再说"，导致出现例①这样的错误。"还"表示追加，"而且"表示递进，一般只能出现一次，但是韩国学生误以为可以连续使用，因此出现了例②、例③这样的错误。"但是"虽然表示转折关系，但是并不是所有转折关系都必须使用"但是"，韩国学生常常忽视了这一点，因而出现例④这样的错误。

（二）逻辑连接成分错误

例句

误：

① *首先，把堆满的玩具拿起来放在墙上挂着的袋子里，**其次**把抹布拿过来打扫。

② *小孩在房间里玩了半个小时，**而且**回去睡觉了。

③ *近来考虑结婚的年轻人越来越少，**同时**有人跟爱人结了婚，不能解决问题的时候他们就急切地离婚。

④ *但是有时候，传统观念给我们的影响还是很大的，同居问题也是一样。**那么**，我详细说一下我的看法。

正：

⑤ 首先，把堆满的玩具拿起来放在墙上挂着的袋子里，**然后**把抹布拿过来打扫。

⑥ 小孩在房间里玩了半个小时，**然后**回去睡觉了。

⑦ 近来考虑结婚的年轻人越来越少，**虽然**有人跟爱人结了婚，不

能解决问题的时候他们就急切地离婚。

⑧ 但是有时候, 传统观念给我们的影响还是很大的, 同居问题也
是一样。**下面**, 我详细说一下我的看法。

分析

例①是陈述两个先后发生的动作, 但句中却使用了罗列项目时
使用的连词"其次", 句子不成立, 应该将"其次"改成"然后"。例②
也是陈述两个先后发生的事件, 但句中却使用了表示递进的连词"而
且", 句子不成立, 应该将"而且"改成"然后"。例③的"有人跟爱人结
了婚"与第一个分句不是并列关系, 但是句中却使用了表示并列关系
的连词"同时", 句子不成立, 应该将"同时"改为"虽然"。汉语中开
始介绍自己的想法时, 应该使用"下面", 但例④却使用了"那么", 句
子不成立, 应将"那么"改成"下面"。

韩国学生出现这种错误, 主要是受韩国语的影响。例①"其次"的
韩国语为"그 다음", 汉语可直译为"然后", 因此韩国学生常常误用
"其次"代替"然后"。例②"而且"的韩国语为"그리고", 汉语可直译
为"然后", 因此韩国学生也常常误用"而且"代替"然后"。例③"同
时"的韩国语为"동시", 表示两件事在同一时段发生, 并不区分并列
和让步, 因此, 韩国学生常常误用"同时"代替"虽然"。例④"那么"
的韩国语为"그렇다면", 可以用来总结前述情况、开始陈述自己的想
法, 受此影响, 韩国学生常误用"那么"代替"下面"。

八、名词前数量成分的漏用

例句

误:

① *爸爸在石头上坐着一边抚摸儿子, 一边跟儿子聊天儿。儿子也
靠在爸爸的腿上仔细听。这时候, **黑黑的小老鼠**也发现胖胖

的米。

② *就在这时, **又黑又瘦的小老鼠**, 像朝气蓬勃、可爱的孩子一样, 托着腮, 抬头盯着在高处的米花, 馋得直咽唾沫。

③ *可是, 这时**小动物**偷偷过来了, 好像要来偷吃米。

④ *中午的时候, **胖胖的小孩儿**走进了教室。

正:

⑤ 爸爸在石头上坐着一边抚摸儿子, 一边跟儿子聊天儿。儿子也靠在爸爸的腿上仔细听。这时候, **一只黑黑的小老鼠**也发现了胖胖的米。

⑥ 就在这时, **一只又黑又瘦的小老鼠**, 像朝气蓬勃、可爱的孩子一样, 托着腮, 抬头盯着在高处的米花, 馋得直咽唾沫。

⑦ 可是, 这时**一只小动物**偷偷过来了, 好像要来偷吃米。

⑧ 中午的时候, **一个胖胖的小孩儿**走进了教室。

分析

例①—④中的主语"黑黑的小老鼠""又黑又瘦的小老鼠""小动物""胖胖的小孩儿"都是第一次出现, 是非定指性成分, 但是前面没有数量短语, 句子不成立, 应该在这些主语前分别加上数量短语"一只""一个"。

韩国学生出现这种错误, 是受到了韩国语的影响。韩国语名词前通常不加数量短语, 受此影响, 韩国学生经常漏用汉语名词前的数量成分。

九、指代形式的误用

例句

误:

① *这幅画里的两只狗, 它们虽然是一样的大小, 但一只狗看的是会

让自己变大的镜子，**一只别的狗**看的是会让自己变小的镜子。

② *两只狗**各自走别的路**时，碰到了两个很大的镜子。一只狗看到镜子里比自己更大的模样，感到很自信，而**别的一只狗**看到比自己还小的样子，感到很沮丧。

③ *爸爸边闭眼睛，边享受自然。但突然，**谁**抓住了他的一只手，他吃惊地睁着眼睛看。

④ *外面突然下雨了，他拿起了**谁**的雨伞就出门了。

正：

⑤ 这幅画里的两只狗，它们虽然是一样的大小，但一只狗看的是会让自己变大的镜子，**另一只狗**看的是会让自己变小的镜子。

⑥ 两只狗**走各自的路**时，碰到了两个很大的镜子。一只狗看到镜子里比自己更大的模样，感到很自信，而**另一只狗**看到比自己还小的样子，感到很沮丧。

⑦ 爸爸边闭着眼睛，边享受自然。但突然，**有人**抓住了他的一只手，他吃惊地睁着眼睛看。

⑧ 外面突然下雨了，他拿起了**某个人**的雨伞就出门了。

分析

例①中的"一只别的狗"，不符合汉语习惯，应改为"另一只狗"。例②中的"各自走别的路""别的一只狗"，也不符合汉语习惯，应改为"走各自的路"和"另一只狗"。

表示不定指的"谁"，一般不能做主语，例③中的"谁"是不定指，但却做了主语，句子不成立，"谁"应改为"有人"。

表示不定指的"谁"，一般也不能做定语，例④中的"谁"是不定指，但做了定语，句子不成立，"谁"应改为"某个人"。

韩国学生出现这种错误是受韩国语的影响。例⑤"另一只狗"韩国语为"다른 개 한 마리"，直译成汉语为"别的狗一只"，受

此影响，韩国学生常出现例①这样的错误。例⑥"走各自的路"韩国语为"각자 딴 길로 간다"，直译成汉语为"各自走别的路"，受此影响，韩国学生才出现例②这种错误。"谁"的韩国语为"누구"或者"누가"，后者也有"有人""某个人"的用法。韩国学生易混淆二者的区别，说汉语时都统一用"谁"。因此，韩国学生易用"谁"代替"有人"或"某个人"，从而出现例③、例④这样的错误。

主要参考文献

包丹凤　2012　基于语料的韩国学生汉语语篇衔接手段缺失研究，华东师范大学硕士学位论文。

边美仙　2012　中高级阶段韩国留学生动态助词"着"的偏误分析，《语文知识》第1期。

卞知美　2012　韩国留学生动态助词"着"的习得情况考察，复旦大学硕士学位论文。

曹秀玲　2000　韩国留学生汉语语篇指称现象考察，《世界汉语教学》第4期。

程誉萱　2013　韩国留学生习得汉语虚词"了"的偏误分析，《语文学刊》第7期。

高鲜菊　2010　留学生汉语语篇偏误研究综述，《邵阳学院学报》（社会科学版）第2期。

华　相　2009　韩国留学生习得介词"给"的偏误分析及教学对策，《暨南大学华文学院学报》第1期。

黄玉花　2005　韩国留学生的篇章偏误分析，《中央民族大学学报》（哲学社会科学版）第5期。

金道荣　2010　"把"字句语序上的"乱插队"特点及其教学策略，《云南师范大学学报》（对外汉语教学与研究版）第1期。

金英实　2007　非受事把字句与韩国语相关范畴的对比，《解放军外国语学院学报》第3期。

贾晓露　2011　基于语料库的韩国学生"被"字句偏误分析，《文教资料》12月号中旬刊。

蒋辰超　2012　韩国留学生"是……的"句习得及相关偏误研究，苏州大学硕士学位论文。

靳丽君　2011　韩国留学生使用介词"在"的偏误分析，《中山大学研究生学刊》（社会科学版）第4期。

李大忠　1996　《外国人学汉语语法偏误分析》，北京：北京语言大学出版社。

刘月华、潘文娱、故　𬀩　2001　《实用现代汉语语法》（增订本），北京：商务印书馆。

吕叔湘　1999　《现代汉语八百词》（增订本），北京：商务印书馆。

刘辰洁　2002　对韩国留学生"一点儿"和"有点儿"的偏误分析，《齐齐哈尔大学学报》（哲学社会科学版）第6期。

刘　瑜　2010　韩国留学生汉语持续体"V着"的习得考察，《语言教学与研究》第4期。

柳英绿　1999　《朝汉语语法对比》，延吉：延边大学出版社。

柳英绿　2000　韩汉语被动句对比——韩国留学生"被"动句偏误分析，《汉语学习》第6期。

荣　虹　2008　韩国留学生程度副词使用偏误分析，《江西教育学院学报》（综合）第3期。

宋珉映　2010　关于韩国学生习得"还"的几点思考：从母语的干扰谈起，《黑龙江民族丛刊》第5期。

王海峰　2011　《国别化：对韩汉语教学法（上）》，北京：北京大学出版社。

肖奚强　2008　《汉语中介语语法问题研究》，北京：商务印书馆。

徐菁玉　　2009　　韩国学生"比"字句偏误分析，北京语言大学硕士学位论文。

徐丽华、谢仙丹　2009　　韩国留学生习得"了"的偏误分析及教学对策，《浙江师范大学学报》（社会科学版）第2期。

杨德峰　　1999　　也说"时间"和"时候"，《中国语研究》（日本）第41号。

杨德峰　　2003　　朝鲜语母语学习者趋向补语习得情况分析，《暨南大学华文学院学报》第4期。

杨德峰　　2008　　《日本人学汉语常见语法错误释疑》，北京：商务印书馆。

杨德峰　　2009　　《对外汉语教学核心语法》，北京：北京大学出版社。

杨德峰　　2012　　朝鲜语母语学习者复合趋向补语引申义习得情况分析，《语言学研究》第10辑。

杨德峰、弓耀楠、姚　骏　2015　　韩国学生动态助词"了"的偏误发展及产生原因分析，《海外华文教育》第4期。

张武宁　　2007　　韩国留学生"把"字句习得研究，南京师范大学硕士学位论文。

郑巧斐、胡洪显　2009　　韩国留学生三种否定比较句式的习得研究，《云南师范大学学报》（对外汉语教学与研究版）第1期。

周文华　　2013　　韩国学生不同句法位"在+处所"短语习得考察，《华文教学与研究》第4期。

"链接" 索引